POP ECONOMY
ポップな経済学

ルチアーノ・カノーヴァ
高沢亜砂代＝訳

Canova Luciano

Discover
ディスカヴァー

Pop Economy
by Luciano Canova

序章

未来の雇用の衝撃

「予測は難しい。とりわけ未来の予測は難しい」

偉大な量子物理学者ニールス・ボーアが言ったとされるこの言葉から、本書を始めたい。

未来について話す本。未来に向かって進もうとする本だ。


これから何が私たちを待ち受けているのだろう。それをこの目で見ることはできないが、せめて手探りででも準備できることはあるかもしれない。

そこで、なるべくたくさんの事実を紹介することを、この本の最大の目的とした。


まずは早速、2013年9月に発表されるなり大きな議論を呼び、世界中のマスコミと学界の注目を浴びたオックスフォード大学の研究「The Future Of Employment（未来の雇

用)」(http://www.oxfordmartin.ox.ac.uk/downloads/academic/The_Future_of_Employment.pdf.)。

同大学のマイケル・A・オズボーンとカール・ベネディクト・フレイが、今後10年(か20年)の間にテクノロジーの進化が雇用に与えるインパクトを予測し、定量化した研究だ。

テクノロジーの進化のスピードと拡大がエクスポネンシャル(ここではイノベーションを要因とした「破壊的」という意味で使う)な力を生み、今、私たちが暮らしている社会的・経済的環境を根底から覆すような変化を起こしつつある。要するに、雇用の変化。私たちから見れば、失業への不安だ。それも、かの偉大なる経済学者ケインズが言い出したという技術的失業。

すなわち、技術革新によって人間の仕事を機械が代替する自動化のペースが、人間が新たな雇用を創出するペースを上回る状態のときに起こる失業だ。

目を背けたくなる予測ではあるが、まさに時代を画すこの変化に、私たちは挑まなくてはならないのだから、多少なりとも予め情報収集しておくのは無駄ではないだろう。

技術的失業への恐怖は、今に始まったことではない。産業革命が始まったころからあった。そして、以来、新しい技術が生まれるたびに程度の違いこそあれ、終末論的な未来予測がなされてきた。しかし、現実にはそれほどの大規模失業は起こらなかった。それどころか、テクノロジーの進歩のおかげで、20世紀は富が拡大して雇用も継続的に維持され、人々は一定の生活水準と経済的豊かさを享受できた。

しかし、今回の技術革新がもたらすものは、これまでとは様相が異なる。何が異なるのか？　注視すべき基本的な事象が2つある。

1つ目は、経済学者トマ・ピケティ著の『21世紀の資本』（トマ・ピケティ著、山形浩生・守岡桜・森本正史訳、みすず書房、2014年）で述べられる**貧富の差の拡大**だ。

トマ・ピケティはこの記念碑的名著で、フランス革命および産業革命の時代から現在に至るまで、フランスとイギリスの国家収入の変遷をはじめ、経済史を網羅する膨大な情報の調査研究を成し遂げ、資本と収入の構造、およびその変化を示した。

その結果、1960年代から資本収入は拡大傾向が続く一方で、労働所得は同等には伸びていないことが明らかになった。これにより貧富の差が拡大し、いわゆる中産階級はかつてない危機に陥っている。また、資産収入の蓄積が設備投資よりも優先されることにより、富裕層と富裕層以外の格差はさらに拡大する、という事態を生んでいる。

現にアメリカでは、2000年以降、中産階級の収入は伸びないどころか減少している。そして、この事象は、2つ目の注視すべき事象と足並みをそろえて進行している。それが、**自動化の進展**だ。

1960年代から、製造業で機械とコンピューターの導入が進み、以前は人の手が必要だったルーティーンの仕事がどんどん自動化されていった。これにより、労働に関する情況が大きく変化しているのだ。

これらを踏まえたうえで、最初にまとめておこう。今回とこれまでとは何が違うのか？

現在のテクノロジー・イノベーションの力は、過去とは異なり、ほんの少し前までは人間にしかできないと思われていたことまで、機械とコンピューターでできるようになってきている。

ML（機械学習）、データマイニング、マシンビジョン、AI（人工知能）による多様な技術、ロボットや機械自体が自己修正したり学習したりするMR（メタ認知）など、そのすさまじい発展が製造業の様相をがらりと変え、多くの仕事が機械に取って代わられる方向に進んでいるのだ。

夢の未来が現実に

映画『イミテーション・ゲーム／エニグマと天才数学者の秘密』に描かれたように、天才数学者アラン・チューリングは、人間の心と脳の関係を電子脳として再現し、自分で考えることのできる機械をつくることを夢見ていた。現在ではそれが荒唐無稽ではなく、実現する日もそう遠くないと考えられている。

たとえば、Googleが開発を進めている自動運転のクルマ。すでに、多数のセンサーと大量のデータ容量を持つ試作品で走行試験を行うまでになっている。これによって、交通と物流の構造を大きく変化させようとしているのだ。

あるいは、同じ物流の分野でアマゾンが使用しているKiva Systems（買収後、社名が変わり現在はAmazon Robotics）のロボット。アマゾンの広大な倉庫で、以前は毎日何人もの人が棚から棚へと合計32キロメートルも歩いていたが、このロボットのおかげでそんな必要はなくなった。自走式ロボットが人のいるところまで棚を運んでくるのだ。

倉庫は当然ロボットが動けるような設備でなくてはならない。そのためにアマゾンは2

014年夏、カリフォルニア州トレーシーにある11万平米の倉庫を一新し、ロボット1500台を配備した。中は4層の固定の棚とロボット用の稼働式の棚が所狭しと並んでいる。同様の最新設備の倉庫がテキサス州、フロリダ州、ニュージャージー州、ワシントン州にもある。

このテクノロジー導入によって、アマゾンは物流コストを4億〜9億ドル削減した。非正規雇用による労働の14%相当分が、ただちにロボットに置き換わったからだ。短期間でこの結果だ。この先、長期的な雇用水準はどうなっていくのか、不安になって当然だろう。

もう1つの画期的な例がIBMのWatson（ワトソン）だ。IBMがコグニティブ・コンピューティング・システムと呼ぶこのテクノロジーは、もはや機械というより人間のように、情報を認知して処理していく。どうやって？

今の世の中にある情報の80%は人間の自然言語でできているので、まずは、自然言語を収集・分析する。このときWatsonは、導き出すべき答えの根拠となる情報をベースに仮説を立て、与えられた環境で、自ら学習した経験を積み重ねることで、答えの妥当性を向上させていく。

このサイクルによってWatsonを教育できるのだ。Watsonは学ぶのだから。周囲の環境との社会的交流を通じ、多くの情報を処理しながら人間のように学ぶのである。

このようなタイプの知的システムなら、たとえば顧客サービスなどといった種類の業務にも従事できるようになるかもしれない。すると、それまでそうした仕事をしていた人たちはどうなるのか？

だからこそ、現状を注意深くじっくり考えてみることが必要なのだ。

未来の雇用をよく見てみよう

というわけで、「未来の雇用」に話を戻す。

オックスフォード大学の研究者は、テクノロジーによる変化が雇用に及ぼす影響をどうやって予測したのか。簡単に言うと、さまざまな仕事の特徴によって、細かい動きや知覚が必要な仕事、創造性や独自性が必要な仕事、高度な社会性が必要な仕事に分類し、それをベースにした。

ポイントは、これまで自動化といえば作業や知覚に関する仕事が対象だったのが、このままでいくと、それ以外の仕事も、破壊的イノベーションの影響が及ぶ対象になるのではないかということだ。

アメリカ労働省による就職支援のウェブサービス「O＊NET」から抽出したアメリカの労働市場に関するデータと、アメリカ労働統計局（BLS）が2010年にまとめた収入と雇用のデータを突き合わせ、700以上の仕事を、作業の特徴や求められる技能によって分類した。そのうえで、情報処理のエキスパート（注1）のチームが、今後数年の間に自動化が予想される70の仕事を選んだ。分類された特徴が自動化されやすさを示す主要な変数であると見なして、残りの600以上の仕事について、この変数から、自動化のリスクが低い仕事、中程度の仕事、高い仕事と評価してみた。

その結果が、次のページのグラフだ。ちょっと仰天する。

つまり、ほぼ2つに1つの仕事が、今後20年以内に自動化されるリスクが高いというのだ。しかも、そのうち多くの仕事が、これまで、テクノロジー・イノベーションから身を守るための避難所のように思われていたホワイトカラーの仕事である。

注1　本書ではこの後、この職種をコンピューターサイエンティストと呼ぶ。

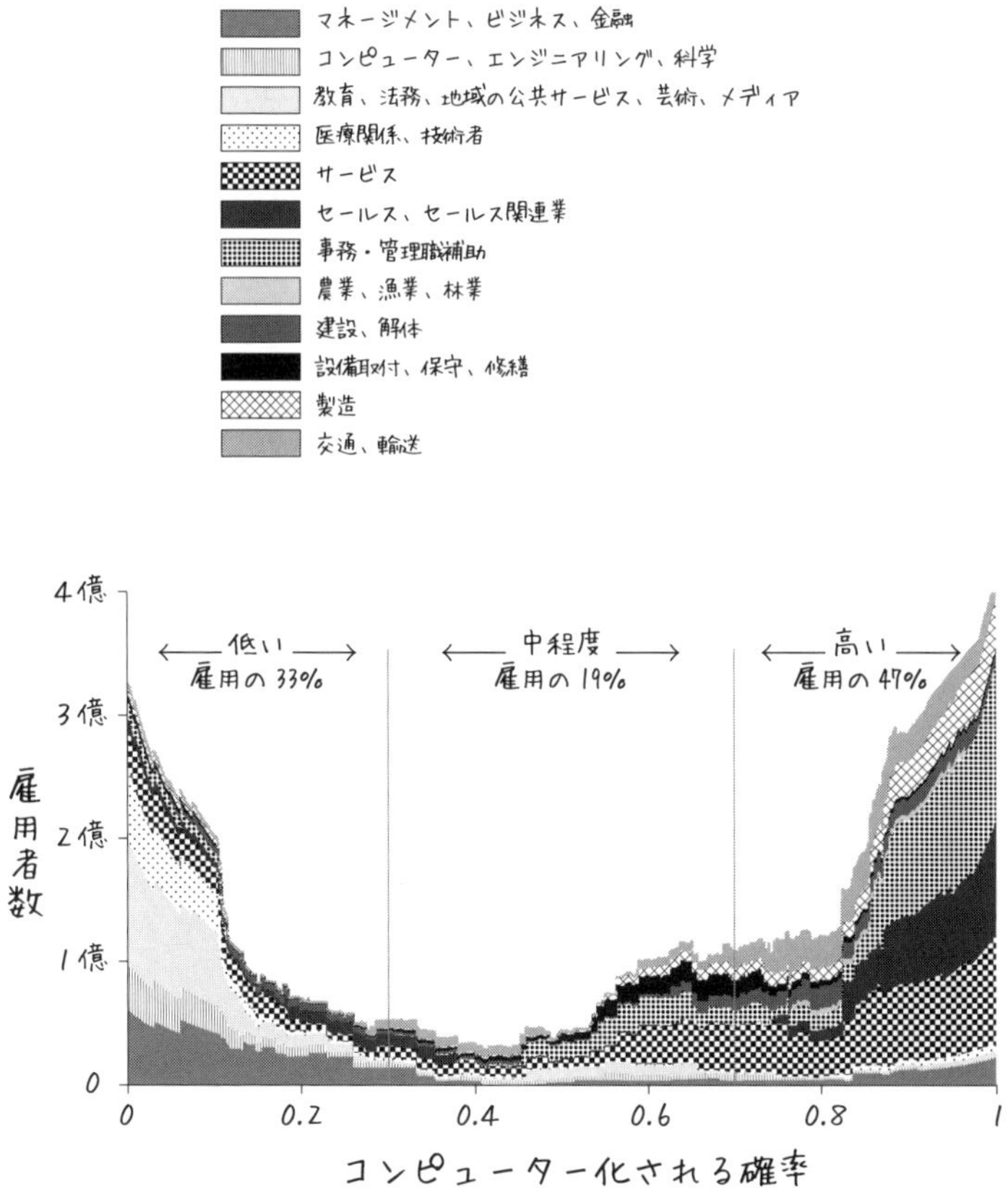

図0.1　今後20年間における雇用の変化

(出典:C・B・フレイ、M・A・オズボーン「The Future of Employment(未来の雇用)」オックスフォード大学、2013年)

この研究には異論も多いが（公表した2人の研究者本人が、予測のベースとしたのが、雇用情況の影響を強く受けるタイプの手法であることを率直に表現して紹介している）、世の中に、警告を投げかけたという点で、大きな意味がある。たとえ最終的なリスク評価が、過大評価されているとしても、リスクがあること自体は否定できない事実なのだから。

この研究の報告書では、今後ますます教育の分野の重要性が増していくことが強調されている。だから、本書にも教育に関する章を設けた（第8章）。

これからは、ほぼ独占的に人間がするであろう仕事に必要な能力を伸ばしていくことが大切になる。それは、創造性・独自性・社会性が求められるような仕事だ。

テクノロジーについて語ろうとする本で、テクノロジーの急所を射る矢を放つようなことから始めてどうするんだって？

たしかに。でも、急所を射るつもりが標的自体を間違えているかもしれない。だから、まずは厳然たる事実から話し始めて、将来に対するポジティブなビジョンを持ち続けるための根拠を示していくほうがいい。

このことについては、ＭＩＴ（マサチューセッツ工科大学）の経済学者アンドリュー・マカフィーによるＴＥＤのすばらしい講演があるので、ぜひ見てほしい（http://www.ted.com/talks/andrew_mcafee_what_will_future_jobs_look_like。英語・スペイン語・フランス語・イタリア語・日本語の字幕付きで見られる）。

そこで彼女は、理論物理学者フリーマン・ダイソンの言葉を引用している。

「技術は神の賜物です。
生命に次ぐ、最大の賜物です。
技術は、文明と科学と芸術の母なのです」

世界を見るポジティブな目線をなくさないためには、事実から出発し、真正面から事実と向き合わなくてはいけない。事実を知り、認識することが、問題に対する答えの基礎を築く最良の方法だ。

事実を見て見ぬふりをしていると、人類にツケが回ってくる。たとえば気候変動のように。温暖化に人間の活動が影響していることはもはや否定できない、と科学的根拠が示している。にもかかわらず、具体的に実践されている対策は少ない。人間にできることをできると認め、それを頑張らないといけないと認めることがなかなかできないからだ。

同じことはテクノロジーについてもいえる。汚染されていない持続可能な未来を保証できるのはテクノロジーしかないのだから、特に環境のテーマに関わるテクノロジーを無視する手はない。


機械が増えて仕事が減った未来、投入資金は多いのに労働収入の元になる要素は少ない経済活動の未来を、まずは認めたほうがいい。そして、それについて逃げずにきちんと話したほうがいい。

そうすれば、社会は新しいルールをつくっていくことになる。イノベーションが生み出す富を新しいルールで再配分できる金融政策が生まれることになる。たとえば「ベーシックインカム」といった言葉が、将来の金融科学のポイントになるだろう。

今、私たちに必要なのは、有名なサッカーの監督ジョゼ・モウリーニョのこの言葉だ。テクノロジーは、「我々にとって夢だ。強迫観念ではない」。


本書に、世界を救う処方箋が書いてあるなどとは期待しないでほしい。最新の理論もない。人々が願ってやまない、奪い取らなくてはならない、ここにしか書いていない真実などというものもない。

So What? だからなんだって?

私がこの本を書いたのは、世間で **〝Disruption〟が叫ばれる今の時代に、まだ答えのない多くの問題を明らかにして、新たな課題を提起するためだ。** 経済学者ヨーゼフ・シュンペーターが「創造的破壊」を唱えていたように、Disruption すなわち、「破壊」という言葉が、近い将来「創造的」という形容詞が似合う言葉になることを願って。

本書では、経済に応用されるテクノロジーの歩みをたどっていく。経済学は今、その姿を大きく変えつつある科学だ。それは経済危機のためでもある。危機はそれを予見すべきであった経済学者を追い詰めている。しかし、科学という言葉を使う以上、経済学もほかの科学と同様、これまでも進化してきたし、これからも進化して、時代のうねりの中で人々が声高に求める変化の要求に応えていくものであることを述べておく。

そして経済学は、何よりも人の選択を研究する分野である。実際に、選択に起因する逸失利益（本来得られるべきであるにもかかわらず、債務不履行や不法行為が生じたことによって得られなくなった利益）であるオポチュニティ・コスト、トレードオフ、インセンティブといった言葉はすべて、選択の要因にまつわる用語だ。

だから本書では、望むと望まざるとにかかわらず、私たちを巻き込んでいくエクスポネンシャル（訳注：直訳すると「指数関数的」を意味するが、これまで支配的な地位を築いてきた業界内の企業に対し、新たな競争を迫る「前例なきディスラプション」を前提とする概念）な時代の中で迷子にならないように、そして、進むべき道を見極められるように、**テクノロジー・イノベーションのおかげで生まれるたくさんの可能性を整理して、わかりやすく解説する。**

そういえば、未来は私たちを真似るものだと誰かが言っていた。ならば、ともに未来をこつこつと築き上げていこう。

もし、あなたがこの本を読み終わったときに、もっといろいろ調べてみたいという好奇心を持ってくれたら、本書で紹介するアプリの1つでもダウンロードしようという気になってくれたら、読んだことにたくさんの疑問を持ってくれたら、私にとっては最高の成果である。

アルゼンチン人の作家ホルヘ・ルイス・ボルヘスによれば、書物とは無数の関係の軸たる存在だそうだが、読んで学ぼうとしている現実がどんどん変化し、そのスピードに合わせた更新が必須の現代の書籍は、ヨーグルト程度の賞味期限しか持てないのかもしれない。

それでも今は、落ち着いて。

テーマは経済とテクノロジーだが、科学をたくさんの人に知ってもらうことが目的なので、一般の方々向けに、できる限りわかりやすい言葉で解説していく。だから、特別な予備知識は必要ない。

ありきたりな言い方だが、ともすれば人が忘れがちな真実を述べれば、テクノロジーは悪ではなく、問題はどう使うかだ、ということだ。同じことは経済学にも当てはまるし、経験上の根拠に基づき経済について語る責任を負う者にも当てはまる。

というわけで、序章は終わり。どうぞ楽しんでください。

さあ、あなたも乗って。

そして、ウィンストン・チャーチルが運転手に言った言葉を真似ようではないか。

「Drive slowly, we're in a hurry（ゆっくり行ってくれ。私たちは急いでいる）」

目次

序章

第1章 テクノロジーが、経済学の手法も進化させている！

第4章 クラウドファンディングの台頭

第5章 情報社会が抱えるリスク 情報カスケードとデマの蔓延

第6章 ビッグデータが統計におけるコペルニクス的大革命を起こす

第7章 生活の質を測る新しい指標とテクノロジー

第8章 デジタル革命が大学と教育を変える

第9章 超接続社会におけるネットワーク

最終章　未来はあなたを待っている

第1章

テクノロジーが、経済学の手法も進化させている！

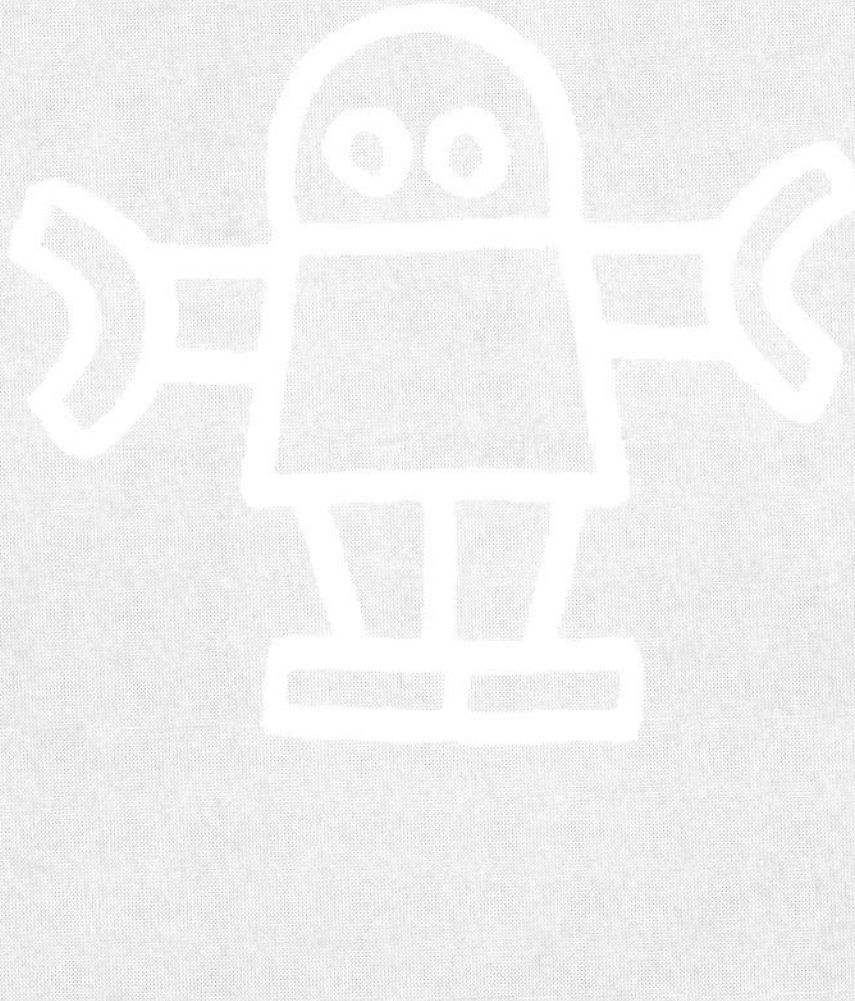

Evidence

相関関係は因果関係ではない！

まずは、左のグラフをご覧いただきたい。

横軸は料理番組のタイトル『マスターシェフ』というワードがGoogle検索で使用された回数、縦軸は我が祖国イタリアの公的債務残高で、単位は１００万ユーロである。

一見よくあるグラフのようだが、事実上ここに表れているのは、イタリアに限らず今後の国家政策に関わる重大なことだ。現にこのグラフからは、２００９年以降イタリアで『マスターシェフ』の検索回数が上昇するにつれ、国の借金も同様に増加していることが一目瞭然であるではないか！

だからあなたも、これからはキッチンでパスタの生地をこねるとき、あるいはパスタをゆでるお湯の塩加減に迷ったとき、うっかりネットなど見ないよう、くれぐれも気をつけないといけない。もしかしたら、知らないうちに国家財政の悪化に一役買っているかもしれないのだから！

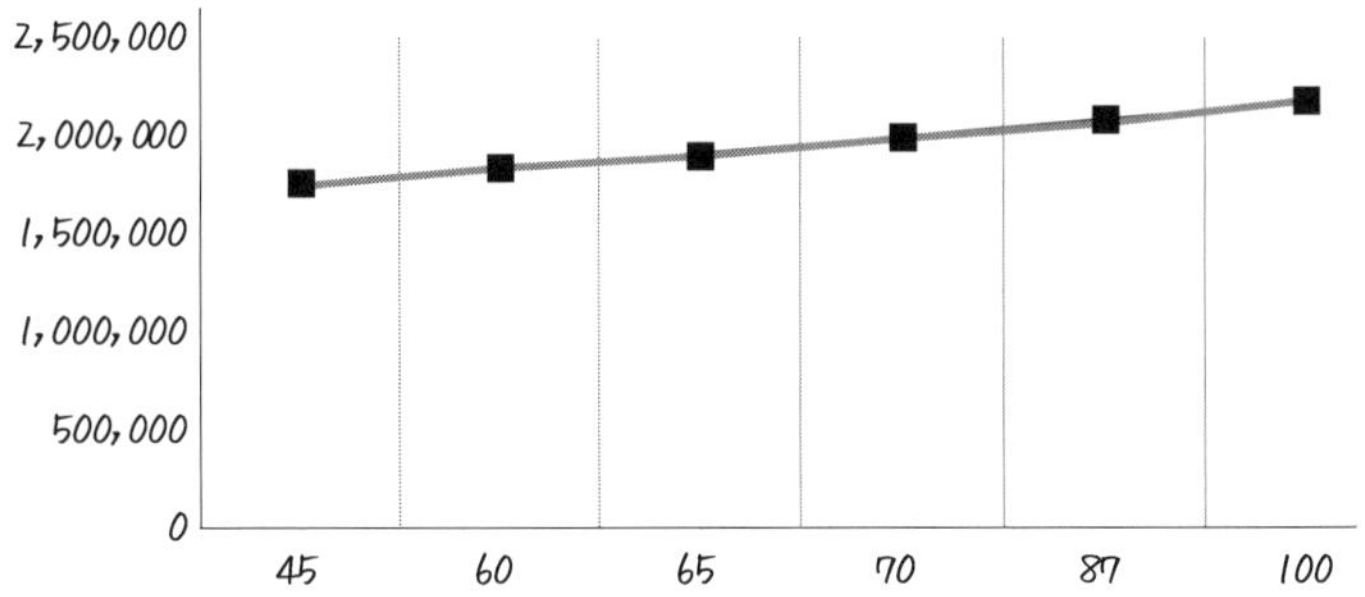

図1.1 「マスターシェフ」の使用回数とイタリアの公的債務残高(2009～2014年)の関係

だが、『マスターシェフ』の審査員バスティアニッチ氏をEU委員会に告発したり、「EU財政安定化・成長協定の縛りが強すぎて生きていけない」などと大騒ぎしたりする前に、ちょっと待った！

実は、グラフに示されていない1つの事実に気づかなければいけない。

それはすなわち、イタリアの国の借金と『マスターシェフ』のGoogle検索の間に、統計上有意な関係はまったくないということだ。

Evidence

見かけ上の因果関係にひきずられるな

変数間の因果関係を見極めること。当たり前だと思われるかもしれないが、社会学者にとっては科学的な調査の成果の本質に関わる問題であり、これが研究人生の間ずっとつきまとう。

社会学者は、ある意味、政治家のように、世の中の実態に干渉しようとする。その中で、何かの調査をするときには、必ず次のポイントを確認しながら進める。

1 Xという現象とYという現象を結び付ける因果関係が存在するか。

2 その因果関係の向きはどちらであるか。Xが原因か、もしくはその逆か。

3 それが示され、たとえばXがYの原因となっている場合、Xに介入することでYを変化させることができるか。

厳密に科学的な研究を行えるか、そして見かけ上の相関関係に惑わされずにいられるかは、多くの場合、この3点に答えられるかどうかで決まる。

だが、これがまた呪わしいほどに難しい。現に、調査の期待値と実際の結果との間には、もつれた糸の結ぼれがあるものだ。研究の成果を台無しにしかねない落とし穴が至るところにあるのだ。最終的な結果分析の際に、事象の単純な読み違えによる大失敗を引き起こすこともある。

たとえば、ほんの数年前まで、頭部に血腫があるとき、その肥大化と患者の死亡リスクを軽減する最良の治療法はステロイド注入であるというのが、国際的科学界の一致した見解だった。病気の進行を防ぐためとして、世界中の医師がステロイド注入をしていた。

ところが、厳密な研究実験（MRC CRASH、成人重症頭部外傷後6カ月における経静脈的コルチステロイド投与群に対するランダム化プラシーボ比較試験の最終結果『ランセット』誌、2005年、第365巻、No9475、1957〜1959ページ）の結果、ステロイド注入は効果があるどころか、むしろ患者の死亡率を高めることがわかったのだ。それまで、病気の進行を防ぐためとして、世界中の医師がステロイド注入をしていたというのに！

Evidence

施策の有効性に関して科学的に堅固な答えを得る唯一の方法

行政のレベルで実験を伴う調査をすることは、徐々に広がりつつあるものの、世界でもまだ非常に少ない。実施する場合は、医療の分野で新薬の効能の評価に使われている方法が用いられる。

その方法はシンプルだ。特徴の同じ人々を被験者として選び、2つのグループに分ける。このとき、被験者が片方のグループに入る確率はいずれも等しく、誰がどちらのグループに入るかは完全に無作為でなくてはならない。

こうしてグループ分けができたら、一方をテスト対象とし、もう一方を比較対象群として、仮定の正しさを検証するためのテストを行う。


たとえば、失業者に対する新たな助成金の有効性を検証する場合。特徴（年齢、性別、経験、経歴）の同じ失業者の中から、2つのグループに入れる人を選定する。第1グループには実験的に助成金を交付し、第2グループには交付しない。

この第2グループは医学で言うところのプラシーボに相当し、〝観察〟対象とする。施策を講じないことによって、施策の効果の比較を確実にするためだ。

後に結果を分析し、助成金を受けた失業者の就職率が観察対象の失業者の就職率よりも仮に10%高かった場合、この数値には科学的にしっかりした根拠があるといえる。


きちんとした実験の仕組みをつくり上げることが、施策の有効性に関して科学的に堅固な答えを得る唯一の方法である。それができれば、市町村や州、あるいは国全体で、対象となる人すべてに対してその施策を適用できる。

技術の進歩に伴い、今後行政による継続的な社会実験は増えていくだろう。

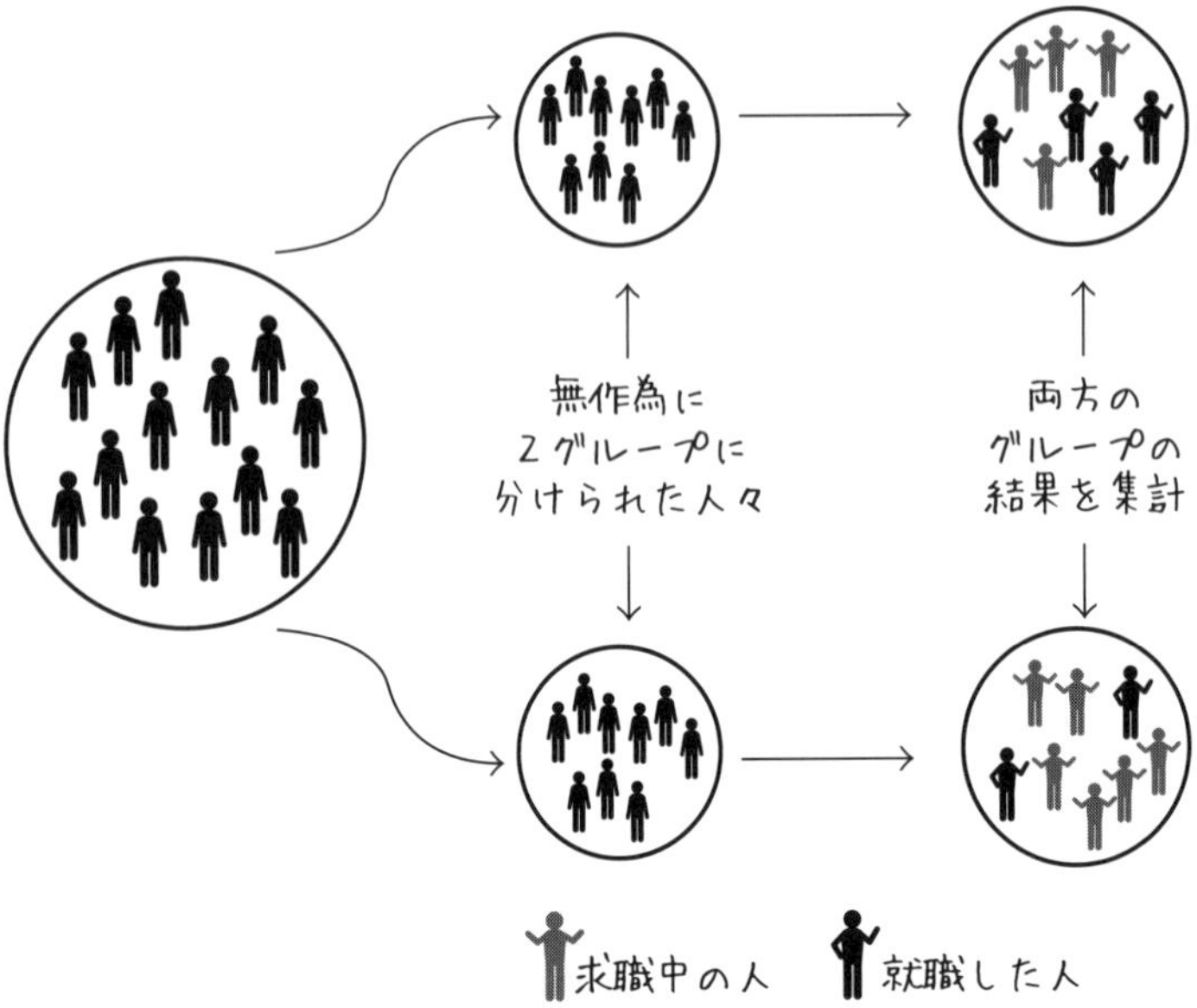

図1.2　イギリスで行われた社会観察実験のイメージ

（出典：イギリス内閣府Behavioural Insights Team、2012年「Test, learn, adapt: developing public policy with randomised control trials（試験・学習・応用：ランダム化比較試験による社会政策開発）」を基に作成）

「良い芸術家は真似る。偉大な芸術家は盗む」というフレーズがあるが、たしかに、ベストプラクティスやベンチマークとはまさに、真似ることであり、盗む手法だ。何か問題が起きたとき、まず最初に全体的な情況をマッピングし、過去に似た問題があったときにはどうなったのか、どう解決したのかを知る。そして、データと経験を共有することで、より適正な結果の再現を目指すことができる。

Evidence

変わりゆく現実に主体的に関わる主人公となる

次の章から、さまざまな事象の分析や政策の実践のための新しい手法が、テクノロジーとイノベーションから生まれていることを紹介していく。テーマとしては、実験の手法、優しい政策、また幸福の指標などについてだ。それから現在、ブームの様相を呈している言葉、ビッグデータについても扱う。

特にビッグデータに関しては、日ごろ、膨大な量の情報の洪水に襲われているせいか、いつもネガティブなニュアンスでとらえられてしまう。まるでオーウェルの小説『一九八四年』に出てくるビッグ・ブラザーが、人々の生活を全面的に管理するため、いつでもプライバシー情報を利用できるのと同じであるかのように。

本書では、このイメージの転換を試みる。少なくとも、いくつかの新しいキーワードに焦点を当てることで、いろいろなチャンスがあることは示せるだろう。

たとえばマインドフルネス。これは、心理学の分野で使うときは自らの行動と思考の「自覚」を意味し、まさにインターネット時代における公共道徳を的確に表現するのに役立つワードである。

そして、この自覚とは、何かと取りざたされるようになった市民2・0（Citizen 2.0）と呼ばれるネットで発信する人々に求められることだ。自らが行政上の施策の対象であると同時に、他人に影響を及ぼす存在でもあるのだから。

私たちは、寿命の短い大量の情報の中に日々暮らしている。記憶容量が満杯になるほどだ。このような環境では、本当に大切な情報が目につきやすくなるような何かしらのツールが要る。要するに、日々いろいろな選択をする環境を整えてくれるものが必要だ。

しかし、それをつくろうにも、学問の世界と政治の世界の間に横たわるとされる天文学的な距離が邪魔をする。

学問の世界は、現実に〝汚される〟ことなく象牙の塔にこもる学者たちのものだが、一方、政治の世界では、科学的なことなどお構いなし、ただ次の選挙での当選や個人的な利益につながることばかりしているとみられている。

そのような状態で、インターネット上の情報をもとに人の幸福を計測できたところで、その高度に複雑なアルゴリズムがいったい何の役に立つというのか。この点についても、考察する。


そして、この本を、新しい社会のためのシンプルなマニュアルとしたい。それも、答えを並べただけの便覧ではなく、正しく疑問を呈するための案内本。もつれた糸の糸口を見つけ、市民としての自覚と主体的な社会参画へと糸をつなげることへの挑戦である。

そのためには、研究者も行政も市民も、それぞれ自分の行動にしかるべき責任を持つという意味で、自分が主人公であるという新しい考え方が必要だ。

最善の選択をするために情報を加工する正確無比なコンピューター、ホモ・エコノミクス。そんな概念はもはやどこに行っても時代遅れだ。

本書では、**ホモ・セントラルスの概念を提案する。それは、自分が暮らす環境の中で、**

変わりゆく現実に主体的に関わる主人公となることを表す。

本書が、現実の世界を変化・革新させたいと思っている人、させなくてはならない人にとっての手引書となりますように。

第2章

現代の魔法の言葉「ナッジ」！

「ナッジ」を知っていますか？

図2・1は、政策デザインに関する文献に掲載された興味深いグラフだ。ＥＵの主な国における臓器の提供率を表している。これを見れば、国民の臓器提供率の高い国と低い国とに真っ二つに分かれていることが一目でわかる。

オランダとベルギーは国境を接する隣国だというのに、なぜこれほどの違いがあるのか？

なぜモーツァルトが生まれたオーストリアはこんなに利他主義に満ち溢れていて、ベートーベンが生まれたドイツではこんな低い率にとどまっているのか？

いったい何が、これほどの違いを生み出しているのだろう？

注：本章は、科学情報サイト「Quattrogatti.info」で公表された本テーマに関する資料を基に作成した内容を含んでいる。

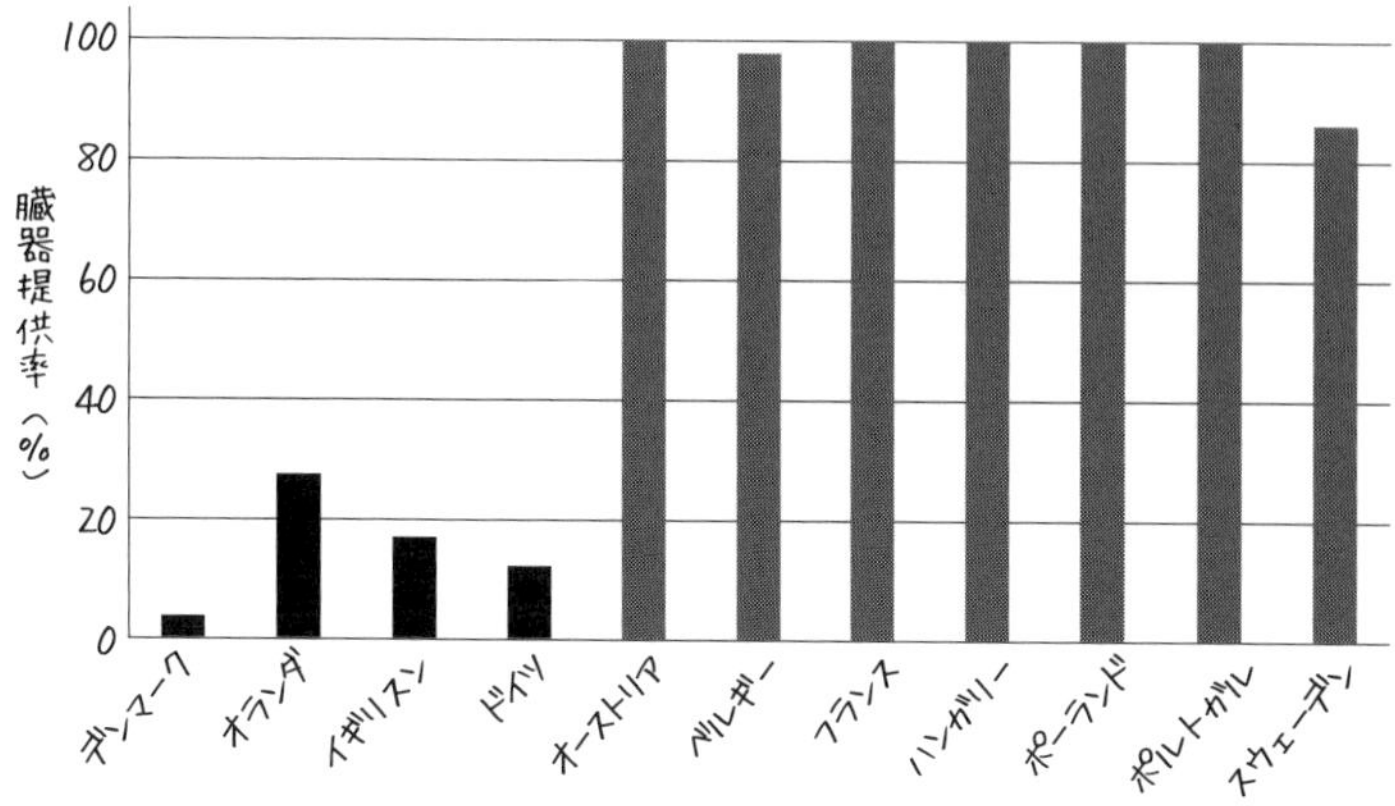

図2.1　EU各国の臓器提供率（出典：Quattrogatti.info）

その答えこそ、魔法のワード「**ナッジ**」だ。これにぴったり合うイタリア語は（日本語も）ない。で、英語の辞書を見るとナッジの項にはこう出てくる。

To seek the attention of by a push of the elbow. To prod gently. Urge into action（注意を引くためにひじで押す。そっと仕向ける。ある行為をするよう促す）

ここでは、やはり、2017年のノーベル経済学賞受賞者であるリチャード・セイラーと、キャス・サンスティーンの共著による2008年のベストセラー『実践 行動経済学』（C・サンスティーン、R・セイラー著、遠藤真美訳、日経BP社、2009年）（「健康、富、幸福への聡明な選択」というすごいサブタイトルが付いている）中に出てくる、著者によるナッジの解説を挙げておくべきだろう。

——「ナッジ」は、選択を禁じることも、経済的なインセンティブを大きく変えることもなく、人々の行動を予測可能な形で変える選択アーキテクチャー（設計）のあらゆる要素を意味する。純粋なナッジと見なすには、介入を低コストで容易に避けられなければいけない。ナッジは命令ではない。果物を目の高さに置くことはナッジであり、ジャンクフードを禁止することはナッジではない。

ならばナッジを構築する人は〝選択の設計者〟か。粋な表現だ。事実、経済学は、人間がその場その場の情況の中でさまざまな選択をしながら物事を決める形式を扱っている。

ナッジは、選択に関わる精神活動を節約させるアプローチである。無数の情報で溢れかえり過熱したネット社会で、私たちの脳はさまざまな問題にぶつかるたびに、とりあえずは効率よくその場しのぎの経験則によって、およそ最善とは言い難いにしろ、答えを見つけようとしているのだから。

私たちの選択に影響を与えているもの

私たちが何かを選択する場合、そのときの環境からも影響を受ける。

たとえば、天気。これは私たちの気分にダイレクトに影響する。天気によって職場に行く交通手段を変えることもある。選ぶのはとても快適な移動手段だったり、ラッシュ時の

す し詰めの電車だったり、それによって移動中に読書ができたりできなかったりする。クルマでずっと大気中にCO_2を排出し続けながら渋滞にはまっているかもしれないし、逆に自転車で行くことで環境にあるかなきかの貢献をするかもしれない。

こうして、**ほんの小さな選択がそれに続く別のことに影響を及ぼし、結果として何かに一定の変化をもたらす**ことがある。それは自身の幸福感や生活の質かもしれないし、労働生産性、環境保護、文化、地域の資産、交通機関の機能性などの可能性もある。

天候は、私たちの選択に影響する変数のほんの1つにすぎない。ほかに、心の動きや社会のルールなど、より人の内面に働きかけるものや、breaking news（ニュース速報）のように突然現れるファクターもある。

こうしたさまざまな変数の嵐が、私たちを窮地に追い込んだり、いつもの習慣を変えさせたりする。しかし、そうしたなかでも、私たちは、膨大な量の情報処理にはまって抜け出せなくなるのではなく、ほとんど自動的にさっさと物事を決めるようにできている。

だから、人の頭の中という思考の住まいを、できる限り習慣に合った快適な状態に整えてあげるのが優れた選択アーキテクトだ。本物の優れたインテリアデザイナーのように、もしかしたら最初の一押しでは私たちがいい選択肢だとはみなせないようなことであっても、その良さを納得するように工夫しなくてはならない。

政策の決定者は、人の行動を変化させる一連の手段をすでに持っている。消費税率もそうだし、特に酒・タバコ税がいい例だ。環境汚染が起こりにくい仕組み、もしくは汚染行為につながりにくいことを狙った制度もある。たとえば、CO_2の排出量取引は、産業活動による汚染物質の排出量を需要と供給のバランスに応じ、市場取引でコントロールする制度だ。

ポイントは、**伝統的な経済政策が主に金銭によるインセンティブをベースとしているのに対し、行動経済学とナッジでは、人が一定の選択へと向かうように刺激する手段を、必ずしもお金に限らない方法でとっている**ということだ。

4つのナッジを経済政策に利用する

日常の習慣に働きかけるといっても、ナッジはそれほど大変なことではない。何かを選択するときの環境にちょっとした変更を加えて、私たちの意識の端っこに働きかける試み。脳の隙間を利用し、私たちの行動を特定の方向に向けるガイドなのだ。意識への刺激、それはまさに、先に挙げたセイラー博士らの『実践 行動経済学』のイタリア語版のタイトル『優しい後押し』である。

えっ？ 怖くなった？ 現代のビッグ・ブラザーがいるような？ オーウェルの『一九八四年』ではないにしろ、後述するエガーズのミステリー『ザ・サークル』（デイヴ・エガーズ著、吉田恭子訳、早川書房、2017年）に描かれた不穏な話みたい？ 誰かが私たちの行動を誘導し、ついには全世界数十億の人間をすべてコントロールしてしまうって？

大丈夫。ナッジはそういうことではない。万が一そんな物騒な話であれば、フランス革命で獲得して以来、人々が堅固に築き上げてきた個人の自由を制限することにほかならず、世の中に受け入れられるはずがない。

ナッジが効果を存分に発揮するためには、人がいつでも自分の行動を自由に変えることができ、しかも複数の選択肢を完全に自分の意志で吟味できなくてはならない。

このことから、ナッジを活用する政策の考え方をリバタリアン・パターナリズムという。公的施策としてのナッジは、以下の4つに分類される。

1　セルフコントロールを強める、または望んでいることを実行させる

2　他人が設定する、または自分で設定させる

3　自覚を生じさせるマインドフル・ナッジ、または自覚を生じさせないマインドレス・ナッジ

4　一定の行為を促す、または控えさせる

順に見ていこう。

❶ セルフコントロールを強める、または望んでいることを実行させる

まず最初の考え方についてだが、言葉と行動の間には大きな隔たりがあって、やりたいと思うことと実際にやることが全然違うという情況は多い。それをよく表している例とし

てすぐに思いつくのは、ホメロスの『オデュッセイア』だ。

主人公ユリシーズ（またはオデュッセウス）は海の魔物セイレンの、聴くと魔法にかかってしまう美しい歌を聴くために、乗組員たちに自分をマストに縛り付けさせ、何があろうとその縄を解かないよう命じた。

これからナッジの例を紹介していくわけだが、人が自分の行動を制限するという考え方を基にしたものは「ユリシーズの法則」と呼んでもいいくらいだ。人は自分を特徴づける限界を理解し、そのために一定の行動を自分に課そうとするものなのだ。

一方、自分がしたいと思うとおりの行動をとらなくなってしまうことがある。それは、実際の意志というより無精や惰性のためだ。後述する路上のゴミがいい例だ。これに対しては、道徳的な行為を思い出しやすくするだけで、望ましい振る舞いや社会的なルールを活性化させる施策がある。

❷ 他人が設定する、または自分で設定させる

選択の情況を設計するもう1つの形式として、自分で設定するか（セルフコントロールに関

係する)、他人が設定するかという考え方がある。

人は、自力ではできないとわかっていることのために、何かのアラームなどを自分で設定することがある。たとえば、クレジットカードの限度額を自分で設定して、それを超えるとお知らせメールが届くサービスを利用する場合などがこれに当たる。

一方、他人が設定するケースとして、人が意識的に何かを選択するように要求するのではなく、選択肢を提示する形式によって間接的に何かの選択を促すという手法もある。たとえば、学校や会社の食堂で利用者の脂肪摂取量を減らしたい場合、人の動線を工夫して、チーズやスイーツをなるべく目立たない場所に配置する。

これは、日々の生活全体に影響する食習慣に働きかけることであり、心身の健康から経済的な豊かさ(健康と深く関わっている)にまで影響が及ぶ。そのすべてが、他人からではだが親切な、ちょっとした後押しから生まれる。

❸ 自覚を生じさせるマインドフル・ナッジ、または自覚を生じさせないマインドレス・ナッジ

ナッジの多くは、バランス感覚や自制心を強められるように人を導き、いい習慣に従う

ように助けてくれるものだ。いい習慣も助けがなければ、そう続けられるものではない。本人の自覚（マインドフル）する意志の力に働きかけるタイプのキャンペーンもナッジである。健康的な食生活とか、禁煙とか、スポーツジムに通うとか。

一方、マインドレス・ナッジは、自覚がない、すなわち人が無意識にする行動を対象としていて、ナッジを企画する側が目指していることに人が気づかなくてもいい。学校や会社の食堂で、料理の量を気づかれない程度に少なくして、食事を楽しみに入れ替わり立ち替わりやって来る人たちをがっかりさせずに、健康的な食事に誘導するといったことがこれに当たる。

❹ 一定の行為を促す、または控えさせる

何かをするように、あるいは、何かをする気にならないように、やさしく仕向けることもできる。つまり、ある行為をするよう人を励ます施策、しないよう諦めさせる施策だ。

ケーススタディ：正しく真似て学んでいく

ナッジとは何かを説明するには、事例を紹介するのがいちばんだ。真似をされたからといって、その独創性と効果が脅かされることはない。大切なのは、それぞれの情況に合わせて上手に真似ることだ。

ケース❶　「足跡」がポイ捨てを減らす

道にゴミを捨てるというのは、手間を面倒がって、ついしてしまう行為だ。北欧三国の1つ、デンマークでも、ある調査の結果、3人に1人がときにポイ捨ての衝動に負けていることがわかった。これを受けて、デンマークのロスキレ大学は、とても効果のある施策を（文字どおり）デザインした。

地面に緑色の足跡を描いたのだ。その足跡は街中のゴミ箱へと続く。これにより、ゴミ箱に気づかせる役割を果たし、市民として責任ある行動に自然に誘導したのだ。

研究チームは、条件の同じ住民を対象に、この施策の効果を検証する実験を行った。街の中で緑の足跡が描かれているエリアといないエリアの複数の場所で通行人にアメを配ったところ、足跡があるエリアでは、ないエリアに比べ、道に捨てられる包み紙が46%も少なかった。

ケース❷ 簡単な申請書が大学進学率の上昇に

教育市場というのは、しばしば一般的な需給メカニズムではなく、制度の歪みによる効率の悪さのせいで、停滞したり、さまざまな摩擦を起こしたりするものだ。そのいい例が、アメリカにおける低所得層世帯の大学進学率の問題だ。

アメリカの大学は教育レベルが高いが、かかる費用もまた高い。平均的な家庭で子どもをいい大学に通わせようと思ったら、年間3万ドルくらいかかる。当然のことながら、所得や成績を基準に決められる奨学金制度があり、その主要なものがＦＡＦＳＡ（Free Application for Federal Student Aid）だ。しかし実際には、受給資格があるはずの人の多くが、単に申請手続きに手間と時間がかかりすぎるというだけの理由で申請していない。

そこで、ある研究者グループが、税務サービスを提供する企業H&R Blockと協力し、申請書の作成を劇的に簡略化するシステムを開発した。これを利用すると、税務当局が把握している情報が申請書に自動的に記載される。

アメリカでは、IRS（Internal Revenue Service：日本の国税庁に相当）と税務当局が連携し、収入申告で蓄積された情報の多くを双方のデータベースで共有できるよう実現した。このシステムで申請書の3分の2以上が埋まり、残りを自分で記入するのにかかる時間はほんの数分となった。

その結果、FAFSAを申請してしかるべき家庭の申請率が、1年で40%も上昇したのである。

ケース❸ 周囲と「比べる」ことで貯蓄額が増える

貯蓄も、ナッジで成果が上がる分野の1つだ。

人間誰しも時間に関する認知には歪みがあり、将来のためにお金をとっておくという行為はその影響を受ける。わかりやすく説明するために、日々の生活の中の重大な問題、値引きの発生にタイムラグがある場合を例にとってみよう。

人は、遠い未来に得をするよりも、すぐに得することを選びやすい。

ちょっと想像してみてほしい。まず、「アメを今1個あげる」と言われたときと「アメを1週間後に1袋あげる」と言われたとき。次に、1年後にアメを1個もらうか、1年と1週間後にアメを1袋もらうかを選べるとき。多くの人が最初のケースでは今1個もらうほうがいいと思い、後のケースでは1袋もらうことを選ぶのではないだろうか。

つまり、今からの1週間と、1年後からの1週間では、1週間の感じ方が違うのだ。

なぜ、こうしたことが起こるのだろう?

実は、**未来に向かう私たちの時間の感覚は、直線的に遠ざかるのではなく、急カーブを描いて一気に遠ざかっていく。**しかも、人は今日得られる利益に即座に重きを置く傾向がある。未来の出費はとても遠いことのように感じられるので、過小評価してしまうリスクがあるのだ。

貯金ができるかどうかは、まさに自分の将来に待ち受けていることを正しく評価できるかどうかの問題だ。貯金ができない人は、人生設計をしていなかったり、今は貯金をするほどお金がないと思っていたりする。ときには、身近にある情報を単にうまく活用できないせいであったりもする。

かくも貯金が難しいからこそ、さまざまな研究がなされ、企業はいろいろなインセンティブやモチベーションになることを工夫している。

古典的な手法では、**デフォルト**（**初期設定**）**による誘導**がある。パソコンにソフトウエアをダウンロードするときの「自動インストール」はこのタイプだ。デフォルトは、利用者の無精のおかげで選ばれることになる特定の選択肢である。

もう一つ、**選択肢の数を減らすという手法**がある。

2000年に社会心理学者のシーナ・アイエンガーとマーク・レッパーが、チョイス・オーバーロード、すなわち選択肢の過多に関する研究を発表した（S.S. Iyengar, M.R. Lepper「When Choice is Demotivating: Can One Desire Too Much of a Good Thing?（選択が動機を低下させるとき：人は〝過ぎたる〟を望むのか）」『Journal of Personality and Social Psychology』誌、2000年、79（6）号、995〜1006ページ）。より親しみやすく「ジャム効果」とも呼ばれるこの研究では、スーパーマーケットで条件の同じ2つのグループの消費者に実験を試みた。

一方のグループに対しては商品棚に6種類のジャムを並べておき、もう一方のグループに対しては24種類並べておいた。その結果、24種類あるときのほうがより多くの人が棚に近付いた（それはそうだろう）が、実際に買った人が多かったのは6種類しか並んでいない棚を見たグループだった。

どうやら**選択肢が多すぎると、消費者は悩んだ挙句に購入を決められない**ようだ。この効果は、ピザやジェラートでも同じである。あなたも、次回メニューが多すぎる店に行ったら、この話を思い出してみるといい。

そして、1枚のピザを選ぶ悩ましさに優るとも劣らない重大な問題が、将来への備えとなる貯蓄計画だ。社会保障の枠組みにあるさまざまな貯蓄プログラムにも同様の悪しきメカニズムが働いているので、たとえば選択肢の数を減らすなどして簡略化する余地がある。

同じく貯金に関するナッジのとても興味深い例として、チリで行われたピア効果に関する調査がある。ピアとは自分が属するグループ内の同等の仲間のことだ。

たとえば、学生なら学校にはクラスメイトがいて、互いに通知表を見せ合ったりするし、職場には同じ仕事を担当する同僚が周囲にいる。人は自分がどのような役割を果たしているか、どのくらい恵まれているかを考えるとき、あるいは何かを選ばなくてはならないとき、常に周囲の物または人を参考にする。**比較検討が原動力となる**ので、それを何らかの決定を促す誘因として利用できるし、利用しない手はない。

そこでチリでは、お金を貯めたいと思っている小規模企業経営者を対象とした実験をした。まず、投資運用資金に付く利率が0・3%のグループと5%のグループをつくり、さらに利率は0・3%だが、コミュニティで自分が貯金をする目的を表明したり、1週間ごとに貯金情況のチェックを受けたりできる第3のグループをつくった。

すると、とても頼もしい結果が出た。第3のグループの人たちは、体裁や義務を気にするという効果、すなわち**ピア効果だけで、ほかのグループの人たちに比べ3・5倍も貯金できた**のである。

ケース❹「モチベーショナル・フィー」で自己管理を徹底

新年を迎えると、今年こそ体を鍛えて健康的な体型になろう、と決意する。お祭しのとおり、自己管理が続かないことを示す典型的な例である。習慣からくる惰性で、またしてもせっかくの決意が深刻な危機にさらされる。

スポーツジムの入会者を対象とした複数の実験でおもしろい結果が出ている。それを表したのが次のページの図だ。この図から、スポーツジムに通う人の行動がよくわかる。

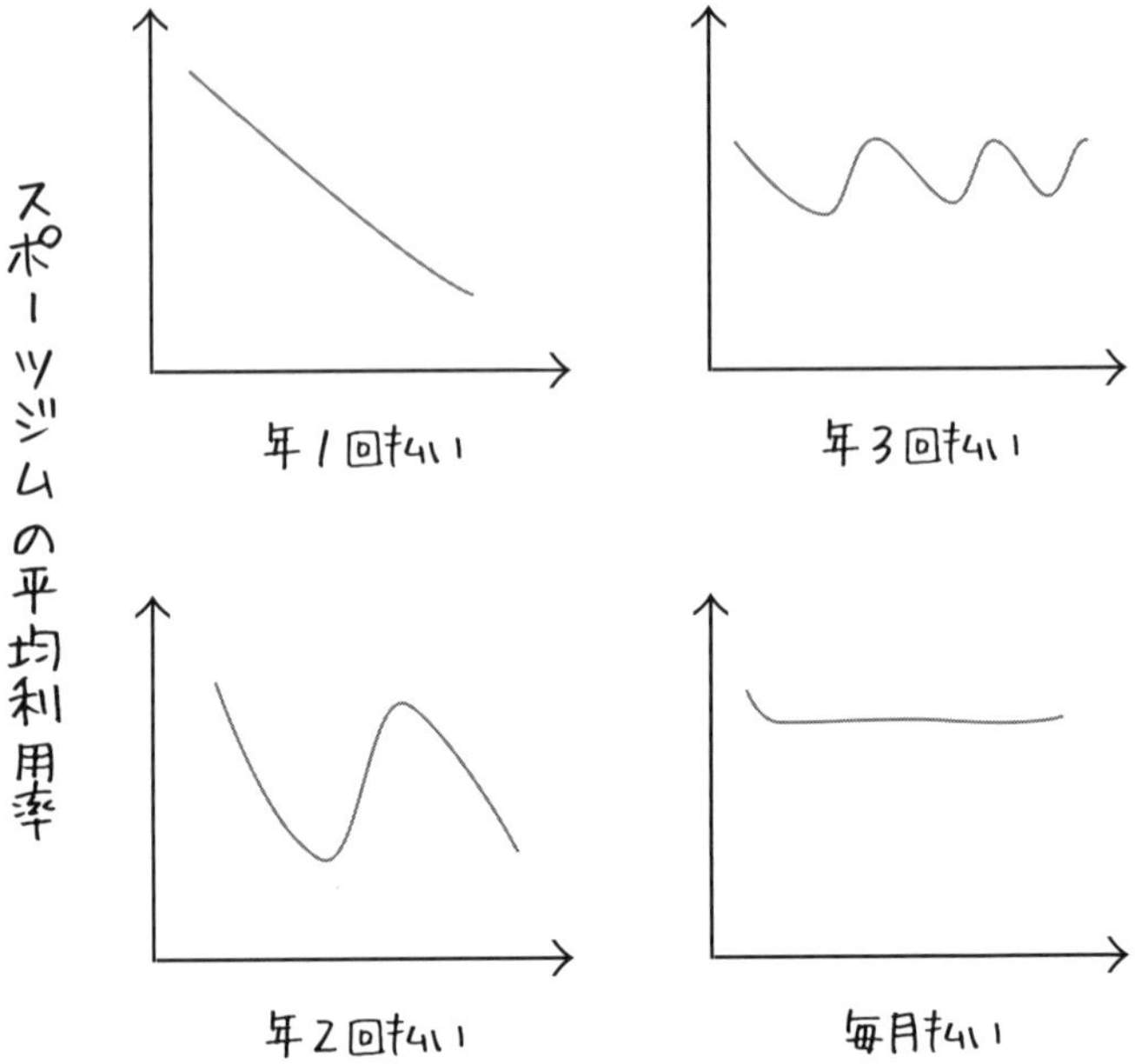

図2.2　支払い回数別に見たスポーツジムの利用率(%)

(出典:ゴービルとソマン、2002年)
(http://hbr.org/2002/09/pricing-and-the-psychology-of-consumption/ar/1.)

右上のグラフは年会費一括払いの人たちのジム利用率で、この人たちは入会後から容赦ないペースで体を動かさない生活に戻っていく。右下の年2回払いの人たちでは利用率の高い時期が年に2度になり、右上の年3回払いでは3度になる。

そして、毎月支払うことにした人たちだけが、一定のペースでジムを利用する。

こうなる理由は簡単だ。支払う回数が多ければ、その出費を意識するというメリットがあるからである。英語にpain of paying（出費の痛み）という言い方があるが、スポーツジムの場合はその効果が明らかだ。

毎月払うより年1回まとめて払うほうが大幅な割引価格になるとしても、ひとたび払ってしまえば、出費の痛みは無情なトレーニングマシンから受ける苦しみに変わり、トレーニングの時間がこれまでどおりソファでだらだらくつろぐ時間に変わるリスクが生まれる。払ってしまったお金と戦うことはない。

では、このジレンマをどう解決すればいいのか。

そこで役立つのが「ジムパクト」(http://static.gym-pact.com/)だ。2人のアメリカ人研究者がつくったアプリで、モチベーショナル・フィーと呼ばれる考え方をベースに、よくできたナッジとなっている。

このアプリのユーザーは、週に何回トレーニングをするか(回数は自分で決める)、あるいは毎日規則正しくフルーツと野菜を食べるか好きなほうを選び、それをユーザーのコミュニティで約束しなくてはならない。まさに契約で、約束を実行するたびに30セントを獲得し、約束を守れなかった日には5ドルがクレジットカードまたはペイパルで引き落とされる。

金銭による旧式なインセンティブだが、**コミュニティのメンバーに監視された一種のセルフコントロールが真のモチベーショナル・フィー**となって、輝かしい成果が上がっている。現にユーザーの92%が自分に課した約束を守り、基本的にそのインセンティブは、約束を守っていない8%のユーザーが払う罰金で賄われている。

さて、ナッジのことを考える前に、人間の意思決定のプロセスでキーとなる以下の4点を理解しておく必要がある。

❶決定の特徴：インセンティブはどのような構造をしているか。デフォルトの選択肢はどうなっているか。注意を引き寄せる役割を果たすものは何か。

経済学でインセンティブというとき、その意味は限定的である。人間の意思決定を解釈するには、意思決定の理由を特定しようとするのが定石だ。人間はメリットとデメリットを吟味するものなので、伝統的に経済学では、ある特定の行動の選択は費用対効果の分析結果だと考える。だから金銭が唯一ではないにせよ動機の主要なスイッチになると見なす。

これに対し、心理学では、というか単に常識的に考えても、誘因という意味でのインセンティブや動機には、金銭とはまったく異なる種類のものがいくらでもある。

人は自分の信念や情熱、あるいは野心などで何かを決めることがある。学生が成績を上げることを目指したり、それによって得られる満足感を望んだりする場合がこれに当たる。

また、世間に認められるか、どう思われるかといったことも、しばしば市民的な行動の多くを促す誘因であり、ときに起爆剤となる。したがって、ナッジの考え方では、**対象となる情況にあるインセンティブや動機の構造を明らかにしよう**とする。

❷情報源：選択に必要な情報をどのように収集、加工するか。

今や世界は情報の爆撃にさらされている。ビッグデータについて述べた第6章で詳しく検討するが、情報過多の中でも時間は限られている。私たちのプロセッサー（脳）には限界があるという前提から出発し、**素早く動作するよう情報の量を加減する**など、処理の負担を軽くしてやらなくてはならない。

❸人の心のプロセスの特徴：何かを選択するときに、感情がどのような役割を果たすか。

人は、心の状態にニュートラルではいられない。**感情は、しばしば選択に決定的な影響を与える**ため、基本的な要素として考慮しなければならない。

感情の作用について、古代ギリシャの哲学者プラトンは御者の逸話で、人間の理性を白い馬と黒い馬がひく2頭立ての馬車にたとえた。白い馬は精神性を備えた魂の象徴で、黒い馬は欲望の誘惑の象徴である。ユングが心理分析のツールとして使ったタロットカードには、プラトンの馬車の神秘を暗示するメタファーが採り入れられている。

現代の科学では、ダニエル・カーネマンが名著『ファスト&スロー』（ダニエル・カーネマン著、村井章子訳、早川書房、2014年）の中で同様のメタファーを発展させ、まるで人間の脳は2つに分かれているかのようだとして、これを「システム1」と「システム2」と表現した。システム1は、本能的な判断（たとえば、人が顔を赤らめているのを見れば、その人が照れていると認識するなど）に使われ、システム2はじっくり考えることに使われる。実際には、2つのシステムは分離しておらず、たいていは双方同時に使用される。

❹ 環境要因と社会的要因：何かをするときにかかる時間やピア効果は、選択のプロセスで重要な役割を果たす。

ここで、主な認知の限界とそれによって引き起こされる行動の歪みを3つの表にまとめておく。いずれもナッジを活用した行政の施策を検討するときには考慮すべきことだ。

表2.1　用語

現状維持	変えるメリットがあっても、習慣と現状の行動パターンをなかなか変更しないという人間の性分。
資金保有効果	これから手に入れる財産の価値よりも、すでに持っている財産に、より価値がある（より金額が高い）と感じる傾向（物質ではない財産についても同じ）。
損失回避性	一定量のものを失うときの喪失感は、同じ量を勝ち取る満足感の2.5倍大きい。
承認バイアス	人は、自分の考えが否定される論証よりも、肯定される論証のほうが、実感を持って受け入れやすいという傾向。

表2.2 行動に影響すること

メンタル・アカウンティング（心の会計）	頭の中でこれは何のためと使い道をきっちり決めたお金（服を買う、遊びにいくなど）を別のことに使うのは、想像以上に難しい。
意志の力	意志の力の総量は一定である。そしてそれは、充電式電池のように、ときどき充填してやらなくてはならない。
タイムラグがある場合の感覚のずれ	人は、未来に得られる利益よりも、今日得られる利益に重きを置く。そして、未来にかかるコストは自動的に過小評価される。
チョイス・オーバーロード（選択肢過多）	選択肢が多過ぎると選べなくなる（ピザのメニューが多過ぎる場合など）。
インフォメーション・オーバーロード（情報過多）	情報が多過ぎると、意思決定のために本当に必要な情報を手際よく評価する妨げとなる。

表2.3 ヒューリスティック

バイアス（または利用可能性による歪み）	データを統計的にきちんと分析するよりも、すぐに利用できる情報が意思決定に反映される（たとえば「今の離婚率はどのくらいだと思いますか」という質問に対し、自分の知り合いの中で思いつく情況に答えを探す）。
代表性	蓋然性、つまりある出来事が起こる確かさを推定するときに、いくつかの似た例の特徴を利用する。これも統計的分析とは異なる（たとえば、物静かで読書が大好きな人は図書館員になると推定する）。
アンカリングのヒューリスティック	蓋然性を評価するとき、参考にする事物をアンカーとして考え始める（ノーベル賞を受賞したイタリア人が何人いるかを当てなくてはいけないときに、「アメリカ人は100人いる」と言われていれば、それを参考に100人からさほど違わない数字を答えとして想像する。「中国人では30人」と言われれば、100人よりもずっと少ない答えを想像する）。
社会的証拠	何かを評価するとき、自分が属する社会の平均的な評価をベースに考える。

Nudge

ナッジをつくろう！

政策担当者は、どのようにナッジを実践すればいいのか。イギリス政府は、その専門チームとしてナッジ・ユニットをつくった。正式名称をBehavioural Insights Teamという。目的は、課題の解決方法として、ほかでもない、ナッジを用いたアプローチを検討・実現することだ。

ナッジの実践には、まず基本的な4つのフェーズを覚えておく必要がある。フェーズごとにポイントを整理しておこう。

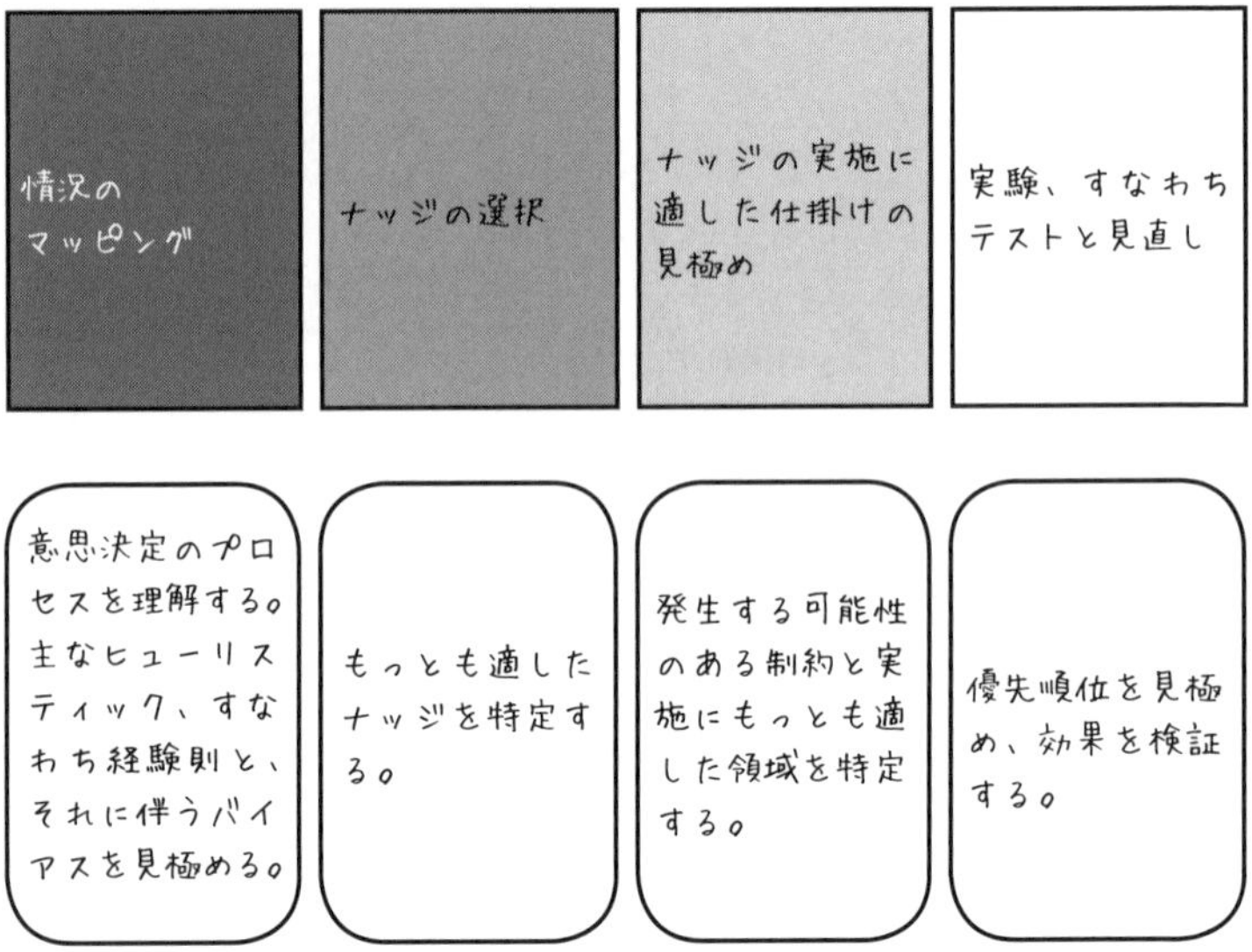
情況のマッピング
ナッジの選択
ナッジの実施に適した仕掛けの見極め
実験、すなわちテストと見直し
意思決定のプロセスを理解する。主なヒューリスティック、すなわち経験則と、それに伴うバイアスを見極める。
もっとも適したナッジを特定する。
発生する可能性のある制約と実施にもっとも適した領域を特定する。
優先順位を見極め、効果を検証する。

図2.3　ナッジ実現のためのフェーズ

(出典:D・ソマン(共著)「A practitioner's guide to Nudging - Rotman School of Management(ナッジ実践ガイドーロットマン・スクール・オブ・マネジメント)」トロント大学、2013年)

❶ 情況をマッピングする

何らかの機能がある事物を目的に合わせて象徴化したものをモデルという。たとえば、所得増加分に対する消費増加の割合を示す限界消費性向を推計する方程式もモデルだが、もっとシンプルに地下鉄の駅を示した路線図もモデルである。そして、これは、モデルの概念を理解するにはうってつけだ。なぜなら、路線図に描かれている駅の位置は、必ずしも地図上の実際の位置と一致していないからだ。

つまり、**モデルには複雑な事実を単純化する目的があり、そのおかげで使う人の役に立つ**のである。

❷ 適したナッジを選択する

課題の情況のマッピングができたら、優秀な選択アーキテクトたる者、以下の4つの基本的な確認事項を押さえておかなくてはいけない。

1 ナッジで実現しようとしていることは、対象となる人がその必要性をわかっているのにできないことなのか。それとも、望ましい社会的行動なのに人のマインドセットにないことを促進するのか。

2 ナッジの刺激を受けた人、または一般的に市民は、ナッジで勧めることを自分に課せる人たちであるか。また、そのための十分な動機を得られるか。

3 ナッジで実現しようとしていることが、はっきり意識してなされるような行動である場合、市民に対する情報提供を強化する必要があるか。それとも、情報過多のせいで行動が妨げられているため、「頭の整理」となるひと手間が必要なのか。

4 望ましい行動がなされないのは、すでに代替選択肢があるからなのか、それとも単に惰性のせいなのか。そして、代替選択肢の魅力を弱めるのか、あるいは望ましい行動に向かうよう発破をかけるのか。

❸ ナッジの実施に適した仕掛けを見極める

ここで、ようやく肝心な資金を考慮しながら検討する段階になる。効果的な施策をデザインするためには、現実的な問題として使える予算を明確に頭に入れておかなくてはいけない。そのうえで、次のような施策を検討する。

1 実現しようとしていることに自動的に賛成・参加するスキームの実践
2 デフォルトの設定、あるいは現状のデフォルト設定の変更
3 現状の選択肢のセットの変更
4 コスト低減に役立つテクノロジーの活用。場合によってはスケールメリットを生かす

❹ デザインし、継続的に見直す

あとは行動に移すだけだ。ナッジを実践するときは、オペレーションコストを継続的に監視することはもちろん、ほかにもチェックすべき点がある。

1 どのドアを広げ、どのドアを狭めるか。ねらいが複数ある場合には、予算を効果的に使うためにも、優先順位をつけるべきだ。

2 一定の人数に到達する可能性はどうか。ナッジの効果が表れる人数は、人が何かをするように仕向けるタイプのナッジの場合、デフォルト設定などで自動的に誘導するタイプのナッジで実現する人数ほどにはならない。

3 自動的に誘導するタイプのナッジでは実現する人数が多くなるが、その一方ですべての人が等しく満足を得られないリスクがある。特に貯蓄のための施策などでは、自動的な選択肢と簡素化された選択肢を組み合わせて、個人の意志を反映できるよう、自由なスペースを残しておくほうがよい。

4　ナッジは、中長期的な視野で評価されるべきである。そして、施策を改良したり新たに開発したりできるように、研究者によって統計的にしっかりした評価ができる体制をつくる。

＊＊

本章を締めくくる前に、冒頭で示した疑問に答えておかなくては。どうしてオーストリアの臓器提供者率は、ドイツよりも顕著に高いのか。ナッジのロジックをわかりやすく説明してきたことだし、もうおわかりだと思う。要は、臓器提供賛成のメカニズムの違いだ。

専門用語ではオプト・インとオプト・アウトという。オーストリアでは、デフォルト設定が死後の臓器提供に「イエス」なのだ。もちろん、生きているうちにシンプルな手続きで臓器提供を望まないという意思表示をできるが、無言でいれば提供に同意したことになる。

逆にドイツでは、臓器提供を希望する人は生きているうちに専用の書類を記入しておかなくてはならない。デフォルト設定が「ノー」なので、無言は拒絶のサインになるのだ。

このように、**惰性のメカニズムを生かし、現状とは決定的に異なる結果を生み出すことができる。**それで、人の命が救われる確率を最大化できるのである。

第3章

「ゲーミフィケーション」を巧みに活用する

Gamification

「ゲーム」のメカニズムを理解しよう

もし誰かにゲームとは何かと訊かれたら、あなたは何と答えるだろう？

基本的な要素としてすぐに思いつくのは、娯楽だということか。

でも、すべてのゲームが楽しいわけではないし、ましてや楽しいことがすべてゲームではない。もう少しよく考えて、特徴的な事柄を挙げてみる。たとえば、勝ったり負けたりするとか。

だが、これもダメだ。すべてのゲームで勝敗が決まるわけではない。

もしかして、チームで？　いやいや、それこそすべてのゲームで……（以下略）。

そう、私が何を言おうとしているのか、もう察しがついたことだろう。ゲームとは何かを定義するのは、不可能へのチャレンジとは言わないまでも、そう簡単なことではないのである。

娯楽というのは、人間が生きていくうえで基本的な要素の1つであり、しばしば特定の行動を起こさせる力強い動機のスイッチとなる。**経済学はインセンティブを研究する科学**なので（と、しつこいくらいに繰り返して言うが）、娯楽の研究は重要である。経済危機と金詰まりの時代の中、私たちを取り巻く環境が根底から変化してきていることを考慮すればなおさらだ。

ここ5年ほどで聞かれるようになった流行語の中に、「ゲーミフィケーション」（意味はゲーム化だが、経済学者はこの英語の言葉を用語として使用する）があるのは偶然ではない。その意味には、**企業が事業上の何らかの目的のために、ゲームならではのダイナミズムやメカニズムを採り入れる技術**も含まれる。

そもそもゲーム的な要素というのは、原始時代から人類が持っていた特徴だ。だから、企業が事業に娯楽の要素を採り入れることは、実際のところ、格別目新しいことではない。ただ現在、技術革新による破壊力をもって進化しているために注目されているだけだ。

たとえば、10個買うと11個目は無料という戦略もゲーム感覚を採り入れている。スターバックスのスターを集めるカードは誰もが知っているだろうし、今や街の商店でもやっている。

ゲーミフィケーションという言葉が使われ始める前、90年代初頭に、マイクロソフトは新しいOSの発売に合わせ、「ソリティア」を導入した。これはユーザーに楽しみながらクリックとドラッグの動作に慣れてもらうことを目的としたゲームだった。

事業戦略のコンサルティング業で世界的なリーディングカンパニーのガートナーは、2014年までに、『フォーブス』誌の「世界の有力企業2000社ランキング（グローバル2000）」にある企業の70％以上がゲーム化されたアプリケーションを少なくとも1つは導入し、2015年には、50％の企業が開発プロセスに創造性を「ゲーミフィケーションした」何らかの手法を導入する、という見解を発表した。

また、ゲーム産業はかつてないほど花開き、オンラインゲームの市場規模は、世界で年間250億ドルに上るといわれる（2015年）。

これらのことからも想像がつくように、ゲーミフィケーションは、ソーシャルネットワーク時代における金脈だ。顧客を自社商品のファンにしたり、従業員のやる気や生産性を向上させたり、健康的な食習慣や道徳的な行動を促したりといったことに応用できるポテンシャルがある。

Gamification

ゲーミフィケーションに決定的な役割を果たす2つのファクター

「ゲーミフィケーション」が今後、決定的な役割を果たすと予想する根拠として挙げられる2つのファクターを覚えておこう。

1つ目は、ミレニアル世代と呼ばれる若者たち（20世紀後半の80年代から21世紀初頭の2000年代までに生まれた世代。ジェネレーションYとも呼ばれる）だ。その若者たちが、そろそろ社会人になり、自立した消費行動を開始しているということが大きなポイントだ。

この世代は生まれたときから世の中がデジタル社会だった最初の人たちだ。何をするにもスマートフォンやタブレット、ソーシャルネットワーキングサービス（SNS）などのITツールを使って、というよりITツールしか使わずに、仕事とも消費ともつながって生きている。人との交流で会話をするよりも、また暇なときにテレビを見るよりも、メッセージでやり取りすることが習慣になっている世代だ。

ただ、ここをターゲット市場としてなだれ込んでいって当然だと考えるのにはリスクがある。この世代は、新しいタイプの冷静なユーザー群で、デジタルマーケティングでよく使われる金銭以外のインセンティブツールの影響を受けにくい可能性があるためだ。

さらに上の世代に起きている変化も見逃せない。この世代はデジタル化率の伸びが著しく、最近のアメリカの調査で、オンラインゲームで遊んでいる人の約40％が35歳以上であることがわかっている。

このように、背景となる情況には変動があって複雑だ。企業の収益にインパクトのあるゲーミフィケーションを採り入れようとするならば、こうした情況をしっかり頭に入れておかなくてはいけない。

「ゲーミフィケーション」が、今後、決定的な役割を果たすと予想する根拠として挙げられるもう1つのファクターを説明しようとすると、流行語のオンパレードになる。

すなわち……今や時代は、「ハイプ・サイクル」でいう「ハイプ（誇大な宣伝）」の「フェーズ」にあって、「ゲーミフィケーション」に着目した最初の人たち、いわゆる「アーリー・アダプター」（新しいテクノロジーを最初に採用する人たち）の後、同様の技術を採用した「ニユー・エントラント」（新たに参入した人たち）が怒涛のように市場になだれ込んでいる。しかし、ハイプで膨張したフェーズの後には、必ず収縮のフェーズが来る。

また、ゲーミフィケーションが「クール・アンド・イージー」であるためには、ポイントシステム、ランキング、バッジ（ラベル）のメカニズムを導入すればいい、と考える人もいるかもしれないが、それほど単純な話ではないし、仮に広くユーザーに浸透したとしても、それだけ収益が上がるとは限らない。

この点に関しては、後でFoursquare（フォースクエア）のケースを紹介する。

Gamification

ゲーミフィケーションを特徴づける7つの要素

よくつくり込まれたゲーミフィケーションであれば、企業がうまく設定した目的に対し長期的な効果があることはどうやら間違いないようだ。だが、何度も同じことを言うようだが、便利な近道はない。改善しようとしている事業環境について認識を深め、適用方法をきちんと研究することが必要だ。

Foursquare のケースには最後に触れることにして、ゲーミフィケーションを特徴づける要素は何か、コンサルティング会社アクセンチュアが提案するフレームで、ご紹介しよう。

❶ ステータス

あなたがビデオゲームの「FIFA」シリーズや「アサシン クリード」をするときは、プレーヤーの**コミュニティのメンバーに承認され、トッププレーヤーになるなどの評価が常に更新されていく**ことを望むはずだ。

だから、たいていの場合、企業の側は継続的な承認によってユーザー満足を保証しようとする。その意味で象徴的なのが、スタック・オーバーフローのケースだ。これはプログラミングのマニアとプログラマーのためのプラットフォームで、ユーザーが発信する質問やトラブル、あるいはチャレンジしたいことに回答すると、より高く評価・承認され、それが回答者のプロフィールに表れるようになっている。

❷ マイルストーン

ゲームには、**闘争心の炎を燃え上がらせる燃料**が必要だ。ゲームのレベルが上がっていくことがこれに当たる。企業が事業目的でゲーミフィケーションを採り入れる場合も同じだ。ユーザーのゲームへの参加の仕方が進化していくことがキーとなるので、継続的に情況をモニタリングしなくてはいけない。

ユーザーが暇つぶし程度に利用していることを的確に考慮しつつ、娯楽のインセンティブ自体が目的化しないように維持するのは難しい。それができなかったのが、後述するFoursquare のケースである。

❸ 競争

アクセンチュアでは、Steptacular という社内プロジェクトで運動に対するインセンティブを設け、従業員に健康的な生活習慣を奨励している。キーとなるのは**同僚たちと競い合う**ことで、設定した目標を達成すると、iPad などのテクノロジーデバイスを**賞品**として受け取れる。

❹ ランキング

競争には、ランキングも必要だ。それは、自分をほかのプレーヤーと比較するためにも、自分自身の進歩を見るためにも役に立つ。ナッジの章でも見てきたが、環境に配慮する行動を人に促すことを目的に、ランキングのメカニズムでいくつもの施策がデザインされている。アメリカでは、エネルギー効率に関する事例で侮れない成果が上がっている。

オーパワーは、最初にグリーンビルを導入したベンチャーだ。この会社の例では、比較の刺激がアメリカ人にエネルギーを節約させる後押しとなった。**光熱費の明細に近隣世帯の平均値とエネルギー効率が書かれている**ため、自分の消費量が人と比べてどのくらいであるかが一目でわかる。そこで競争のメカニズムが働く。

あの家では、いったいどうやって電気を節約しているんだろう。このままじゃ、うちは近所の笑いものだ。これからは頑張って、日が暮れても電気をつけないでおこう。というわけだ。

「お隣さんはいつもエコ」の旗印のもと、この戦略で消費電力が60億㎾h減少し、その数字はオーパワーのホームページ（www.opower.com）で日々更新されている。

❺ ソーシャルネットワークによるつながり

「Ruzzle」というゲームをご存知だろうか。2013年頃には、電車や地下鉄に乗っているときも、歯医者の待合室でも、空中に指を動かして何か書いている人を見かけない日はなかった。それは単語のつづりを思い浮かべていただけなのだが、まるでインスピレーションを受けた印象派画家の筆運びにさえ見えたものだ。そんなにも人を夢中にさせたのが「Ruzzle」だ。

2012年にリリースされ、その後128カ国で3500万人のユーザーを抱えるまでになった。なぜか。ゲーム自体のおもしろさのためではない。他愛のない言葉のパズルにすぎないのだから。

爆発的な人気の導火線となったのはソーシャル戦略で、**友人や見知らぬ誰かとリアルタイムでつながりプレーできた**ことにある。共有はゲーミフィケーションにおける強力なツールなのだ。

それを示すもう1つの例が、ポカリスエットのケースである。ポカリスエットのメーカーである大塚製薬は、インドネシア市場に進出するときに、オンラインゲームを活用した、とてもアグレッシブなキャンペーンを展開した。このゲームは「Ionopolis」といい、まんがスタイルの怪物を脱水させて倒していく。肝はポカリスエットを買うと特殊な武器が手に入ったり、ステージが上がったりすることだった。10万人もの登録ユーザーが、このエサに食いついた。

一方、崇高かつ科学的に重要な目的で試みた例が、シアトルにあるワシントン大学の研究で実験的に導入したゲーム「Foldit（フォールディット）」だ。その目的は、なんと未知のタンパク質の構造を解明することだった。タンパク質の三次元構造予測はありきたりな方法ではできず、膨大な量の計算が必要だ。そこで、人間の発想とコンピューターの能力を組み合わせたところ、妥当な予測モデルをつくることに成功した。

「Foldit」は、基本的にはルービックキューブのようなパズルゲームだ。プレーヤーはまず三次元のパズルを受け取り、それを最終的にタンパク質の分子構造に仕上げることを競い合う。プレーヤーにはポイントが与えられるので、コミュニティのメンバーと自分を比べられる。

これもまた**比較と共有が原動力**になっている。個々人の小さな貢献が共同作業として機能し、あたかも知能の大群のように動いて科学的な発見につながった。

「America's Army（アメリカズ アーミー）」もソーシャルを活用した例だ。軍事活動のシミュレーションゲームで、アメリカ陸軍が開発した。公的イベントや商業施設などでも利用され、**兵士をリクルートするための優れたツール**になっている。

❻ イマージョン・リアリティ

従来のビデオゲームと同じように楽しむタイプのゲームも、そのグラフィックスがスペクタクルなほどに進化した。おかげでユーザーはリアルの世界と交錯する体験ができる。それがイマージョン・リアリティだ。

視覚的な刺激を利用した企業のゲーミフィケーションで、華々しい成果を収めた例がある。スポーツウエアの有名ブランドによるアプリ「NIKE+」シリーズは、シティ・ランナーのコミュニティをつくり、運動しながらソーシャルとつながることをインセンティブにした。その宣伝文句が実に特徴的だ。

走っているところを想像してほしい。

NIKE+があれば、あなたの走りは無限の情報の記録となる。どのくらいのスピードで、どのくらいの距離を、どのくらいの時間走っているか……。仲間がいる？　すばらしい！　では、手伝ってもらおう。走っているときは、仲間があなたに声援を送り、あなたのフェイスブックにメッセージを書き込む。

仲間に挑戦するなら、もっといい。仲間が真の友人なら、たとえあなたの後塵を拝することになっても、きっと声をかけ続けてくれるはず。

❼　パーソナライゼーション

ピア効果（意識や能力の高い集団の中に身を置くことで、切磋琢磨しお互いを高め合う効果）のあるコミュニティで、継続的に自我の承認欲求が満たされる刺激がなければ、ソーシャルを活用しても大きな成果は見込めない。パーソナライズとは、**あるゲームをすることがほぼ習慣化するなかで、自分の居場所ができる**という意味でもあるのだ。

これを活用した「SuperBetter（スーパーベター）」（www.superbetter.com）は、怪我や病気の回復期にある人を、真のライフ・コーチとして支援する優れたプラットフォームだ。

また、興味深いのはGoogleが２００６年から２０１１年にかけて提供していた「Google Image Labeler」で、検索ワードと画像の対応精度の向上を目的としていた、なかなか楽しいゲームだった。

ウェブ上で２人１組となり、ランダムに出てくる画像を描写する言葉を次々入力していく。２人の言葉が一致すると次の画像に進むことができ、50～１００ポイントが加算される。こうしてGoogleは、画像と検索ワードのマッチングと掲載順位のアルゴリズムの向上に役立つ膨大な量のデータを手に入れた。

Gamification

ゲーミフィケーション、失敗のケーススタディ

これまでに挙げた例を見て、もしかしたら、ゲーミフィケーションはシンプルだと考えたくなった人がいるかもしれない。アプリケーションの原動力あるいは事業の成長のため

には、ＰＢＬ（Point・Board・Leadership）すなわち、**「ポイント・ランキング・競争」**の仕組みを導入すればいいのか、と。

しかし、それは違う。ゲームを広くはやらせる工学的手法は存在しないし、ゲーム・デザインやゲーム・シンキングは機械的な単純作業ではない。あらがい難いインセンティブとなる要素と一定のアクションの娯楽的な面をどうするか、よくよく検討することが必要だ。そして、ユーザーにとっての成功と提供する側の収益面での成功を、きちんと区別して考えなくてはいけない。

Foursquareのケースというのは、その意味でとても象徴的だった。現に、この会社には数百万ドルのベンチャーキャピタルが流れ込み、当初数年間は急成長を遂げていた。ゲーミフィケーションのアーリー・アダプターの1社であり、２０１０年には世界規模のデータベースの構築を目指し、リアルタイムでレストランなどの飲食店や消費サービスの情報を更新し続けていた。年成長率は１６００％、一時ユーザー数は５０００万人というインパクトのある数値を叩き出した。

このアプリでは、ユーザーがカフェやパブなどでチェックインしていくと、その場所の「メイヤー（市長）」になれるなど、ユーザー数拡大に実に効果的な仕掛けがあった。

ところが……。

ところが数年後、チェックイン数は1日600万件となり、利用が大幅に減少した。これは、娯楽のメカニズムがうまく機能しすぎて失敗するケースだった。

何が起きていたかというと、本来の目的は同じレストランなどを利用する友人たちと自分の位置情報を共有することだったのだが、ユーザーがその目的にとらわれなくなり、バッジやポイントを貯めるためだけにチェックインするようになったのだ。

その結果、Foursquareに蓄積される大量のデータベースは、実質的にとても偏ったものになってしまい、最後のころまで残っていたクライアントには、ごくわずかのデータしか販売できなかった。

そこで2014年春、CEOのデニス・クローリーはアプリを「Swarm（スウォーム）」と「Foursquare」に分け、会社もそれに合わせて2つに分割することを発表した。新しいFoursquareは、メイヤーとコミュニティが競合することなく、次々に新しいお気に入りの場所を発見し、シェアすることを目的としたコミュニティサイトとして発展させようとしている。

これなら長期的に継続可能なビジネスモデルに適っているだろうが、娯楽的な面を失わせてしまったことも また事実だ。それは、新たにリリースされたアプリで、1度は表舞台から退場させられたメイヤーの職が、こっそりエキスパートの名で導入されていることからもうかがえる。アプリをよく利用するユーザーは、今度はエキスパートとして承認と名誉を獲得するわけだ。

ガートナーのブライアン・バークが述べている（B. Burke「Gamification 2020: What Is the Future of Gamification?（ゲーミフィケーション2020：ゲーミフィケーションはこれからどうなる?）」ガートナー、2012年）ことだが、**ユーザーがサービスや製品を利用する動機となるスイッチを見極め、そのスイッチを企業の目的にも利用できる場合に、ゲーミフィケーションは威力を発揮する。**

あとで教育について述べた第8章でも触れるが、仕組みをうまくつくり込んだ象徴的なケースとしてカーンアカデミーがある。娯楽のメカニズムが継続的かつ効果的に機能している教育サイトで、ユーザーコミュニティの最終的な目的、すなわち生徒のモチベーションと学習能力の向上に役立っている。

要するに、シンプルだがすばらしいアイデアがあって、コンテンツを効果的につくり、広めていけるとしても、それで十分ではないことがある。数百万人のユーザーが自動的に、当初の思惑どおりの経済的・社会的成果を生み出すようになってくれるとは限らないからだ。

結果のボリュームと成功を混同するなということである。くれぐれも大衆を単なる操り人形扱いせず、大切に囲い込んでおくべき潜在能力のあるプレーヤーだと考えること。そして、最終的な目的をきちんと見極め、プレーヤーを中心に据えたデザインをつくり上げること。

大地は肥沃なのだから耕すべきだが、耕すには道具が必要。何はともあれ、ゲーミフィケーションは社会革新のための引き出しに常備しておくべき道具の1つである。

Gamification

ゲーミフィケーション、成功のヒント

以上のコンパクトな検証の最後に、今後の考察のヒントになるよう、成功の最たる例をいっしょに考えてみよう。

まず、誰もが感じている大問題の1つ、翻訳を手軽にできる方法はないか、これを解決するとイメージしてほしい。攻略すべき市場だ。

今現在話されている言語は世界に6500以上あり、1000人以下の人口しかない部族言語を除いても4500あるといわれている。言語の数はともかくも、グローバルでコミュニケーションしていくために翻訳の需要があることは明らかだ。

もしもあなたが、ソフィア・コッポラ監督のヒット映画『ロスト・イン・トランスレーション』に出てくるビル・マーレイやスカーレット・ヨハンソンのような迷子ではなく、目端の利く外国人少年であるならば、ちょっとしたゲームを考えてみるいい機会だ。

まずウェブサイトから適当に文章を抜き出し、それを一度ばらして、内容に関するクイズなり質問なり、何かやり取りができる体裁にパッケージし直す。そこに、斬新でわかりやすくて、インパクトのあるイラストを飾る。そして、初級レベルのユーザー・エクスペリエンス（UX）の仕組み、ベースとなるゲームのメカニズム、スマートフォン・タブレット・パソコンといったデバイスからのアクセス環境を整え、数百万の潜在的ユーザーにシステムを開放、まずは1日50人くらいか……。すべて無料。そう、今あなたが発明したのが「デュオリンゴ」だ。

「デュオリンゴ」は楽しみながら語学が学べるゲームだが、知らないうちにほかの数百万人のユーザーといっしょに、翻訳を必要としているBBCやオンラインコンテンツ編集者のための仕事をしているのと同然の仕組みとなっている。

もはや勉強というより完全にゲーム。試してみるには登録が必要だが、とても簡単で、フェイスブックからでも入れるし、もちろんフェイスブックなしでも大丈夫。サイトに入っていくつか質問に答えると自分のレベルが決まり、ゲームを始められる。

誰もが自分にちょうどいい内容で楽しめるように、たとえばスポーツだとかのテーマごとにレベルがあって、そのバーチャル空間で動き、遊び、そして学ぶ。

何種類かの質問に答えていくとポイントが貯まる。格別のプレーができたり、何か目標を達成したりするとバッジがもらえる。ユーザーのアクションは、すべてランキングに反映される。要するに、ベースとなるメカニズムは、これまで見てきたとおりだ。

このデジタル時代、情報と学習は競争力の源である。それを取り込み、新たな市場を創造できる者は価値を創造する。今の例では、それが語学であり、会社はその成果を販売している。娯楽のメカニズムの活用は、プレーヤーの楽しさや満足感（そこから得られる利益も含む）とサービスを提供する側の利益をうまく結び付け、ウィン－ウィンの関係を築くツールなのである。

第4章

クラウドファンディングの台頭

Crowdfunding

資金調達の手段が変わった！

クラウドファンディングは、何らかのプロジェクトの実現に必要な資金を調達するための新たな手段だ。拡大しながらその重要性を増し、資金源へのアクセス方法に、そして金融市場に大きな変化をもたらした。

左のグラフは、２００７年以降、「クラウドファンディング」というワードが世界で検索に使用された回数を表している。これを見ると、近年、一気に使用回数が増加しているのがわかる。

また、２０１３年に、イギリスの『エコノミスト』誌がクラウドファンディングの特集を組んだのも、このシステムが注目に値することを示している。

雑誌が特集したくらいで、と思われるなら、重要さがわかるような数字を挙げてみよう。アメリカの調査会社MASSolutionsのレポートによれば、クラウドファンディングによって２０１２年に世界で約30億ドル、２０１３年には約50億ドルの資金が集まったという。

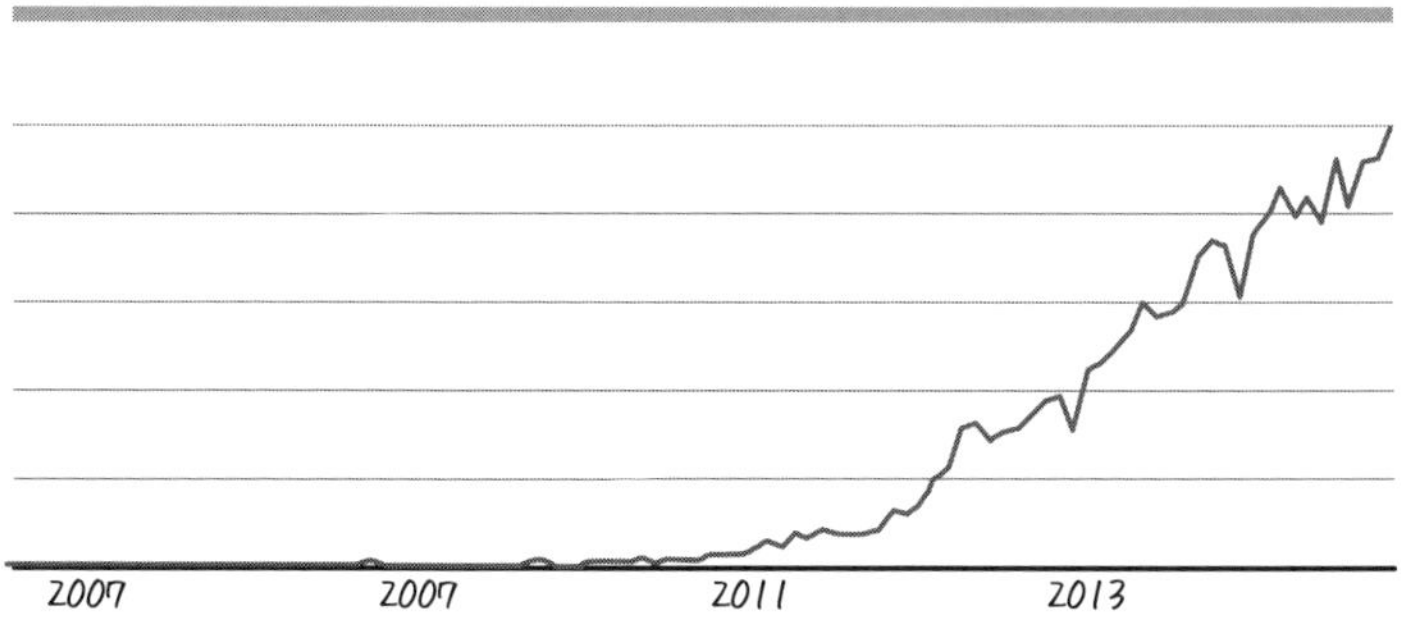

図4.1 「クラウドファンディング」というワードの使用回数

(出典:Googleトレンド)

また、利用可能なすべてのクラウドファンディング会社のデータとニュースを紹介するサイト「TheCrowdCafe」に、2015年時点で掲載されているプロジェクトは、200件にも上る。

もともと固有名詞だった「クラウドファンディング」は、もはや誰もが使う共通の言葉になった。この画期的なシステムの理解に欠かせない要素が一般大衆であることは間違いないのだから、大衆金融とでも言おうか？

だがあえて、辛口の検証を始めるとすると、クラウドファンディングは、目新しいものにすぐに飛びついて夢中になる人々のおかげで、借金にまつわる諸問題に効く妙薬であるかのような雰囲気をまとっているからむしろ、「狂躁金融」と呼んだほうがいいのかもしれない。

いったい、クラウドファンディングとは何なのか。その主な特徴は何か？

基本的には、何らかのプロジェクトを実現させる資金として、寄付または出資を受ける可能性を提供するシステムだ。

寄付または出資は本当に少額でよく、個人の支援者から広く集められる。プロジェクトを公開する人は、プレッジ（支援金）の目標金額を設定し、定められた期間内で達成を目指す。この独特のシステムでキーとなるのが、「協力」と「共有」だ。

❶ 協力

「協力」は、**シェアリング・エコノミー**（訳注：物やサービスを多くの人と共有・交換する仕組み。カーシェアリングや民泊などが広まっている）の特徴の1つだ。

そこには、**従来の社会的なルールの枠組みを出てまったく新しい市場を創造するような、相互関係と相互義務のメカニズムが働いている。**

人は誰でも、自覚の有無はともかく、日々の生活の中で何気ない親切な行為を続けて生きていく。友人の引っ越しを手伝うとか、大学のクラスメイトに何かをCDにコピーしてあげるとか。挙げればきりがない。

こうした小さな親切は金銭に換算できるものではないが、経済学では時にこれを「**関係財**」と呼ぶ。

関係財とは、交換や恩返しといった行動が生まれるような人間関係に価値を見る考え方だ。

たとえば、昼休みに同僚といつも同じカフェに行っていると、必然的にその店の常連客と知り合いになる。その人間関係の価値はカフェでとる昼食代には換算できないが、それと同等の金額に匹敵することがある。

別の例で説明してみよう。

会社にエスプレッソの自動販売機があると想像してほしい。入れ替わり立ち替わり、誰かが単純な親切心から自分の分だけではなくて、あなたやほかの同僚の分もコーヒーをいれてくれたりする。だから、あなたも同じことをする。もしも、このコーヒーのためにいくら使ったか帳簿につけ月額の平均値を出したら、毎日あなたひとりが自費でコーヒーを飲んだ場合の1カ月分の合計と、あまり違わない額になることが多い。

つまり、**おごる金額とおごられる金額がだいたい同じになる**のだ。

人はなぜこのような行動をとるのだろうか。単にひとりが、皆の分を入れたほうが面倒は少なく、時間の節約にもなるから、という理由もあるだろう。だが、これは関係財の仕組みで解釈すると合理的なのだ。温かい飲み物を人におごって、別の日には同じ気遣いを自分が受けるという喜びと親切心が、価値を創造し積み重ねていく。そして会社の中の雰囲気がよくなり、感謝や喜びが繰り返されていく。

関係財というのは、このように人間関係が何らかのやり取りを生むような、いいエクスターナリティ（外部性）**を形成する。いわゆる財産との違いは、副次的な利益が増加するという興味深い性質がある**ことだ。

突然だが、ピザを食べるとする。最初の1切れはとてもおいしい。2切れ目もおいしいが、1切れ目ほどではない。なぜなら、1切れ目のときよりも、多少は腹が満たされているからだ。そして食べ進んでいくうちに、味わいという恩恵、すなわち副次的利益は着実に小さくなっていく。

このように、**副次的利益は減少する**という原則がある。ところが**関係財の場合、たとえば友情と言ってもいいが、友情は消費すればするほど、もっと消費したくなる。満腹感はなく、ことによると副次的利益も増えていく。**そのダイナミズムはピザとは全然違うのだ。

クラウドファンディングのプラットフォームは、この**協力と人間関係を動機のスイッチとして利用する。**

自分の周囲にいる人が寄付をしていて、なんとなく自分も寄付しないといけないような感じになってしまったからとか、あるいは知り合いのプロジェクトで、寄付をすることで自分もそのプロジェクトの一員のような感じになれるとか、人間誰しもそういう理由で少々のお金を寄付するものだ。

おもしろいのは、**「群衆の英知」と呼ばれる作用で、見ず知らずの人のアイデアやプロジェクトのためにお金を出す**確率が高まることだ。自分の周囲にいるたくさんの人が、あるプロジェクトに少しずつお金を出しているのを見ると、自分も同じことをしてしまう。

❷ 共有

もう1つの重要な特徴が「共有」だ。

SNSが恐ろしいほど強力な起爆装置となって、何かのアイデアに興味を持つ人のコミュニティがあっという間にできるようになってきた。フェイスブック、Twitter、LinkedInといったコミュニケーションシステムは、今や私たちの日々の生活に深く浸透していて、重要な行動の選択にまで影響を及ぼしている。

だから、クラウドファンディングで資金調達する場合、丁寧かつ効果的なデジタルマーケティング戦略を活用したり、ネットワーク媒体や第5章で解説する「情報カスケード」を活用したりしないと、資金を獲得する可能性が低くなる。

逆に、コンタクトが豊富で密度の濃いネットワークでは、プロジェクト実現に必要な資金を得られる確率がとても高くなることが、いくつかの研究から明らかになっている。


もう少し具体的なクラウドファンディングの特徴を、パイスとペレッティとスピネッリ共著の『Crowdfunding. La via collaborativa all'imprenditorialità（クラウドファンディング：協力しながら企業家へ）』をもとに、まとめてみよう。

まず、クリエイティブなプロジェクト（書籍、記録映画、ミュージックアルバム、デザインプロダクトなど）にとってクラウドファンディングは、比較的障壁が低い資金獲得手段となる。

アイデアや製品を公表したうえで資金を集めようとする人にとっては、クラウドファンディングは、選別のプロセスが原則的にとても民主的だし、選別の偏りや歪みの低減に十分な情報もあるから、そういう意味では、アイデアなり製品なりの市場価値を知らせるシグナルの機能もあるといえる。

今では、新製品が市場で人気が出るかを評価するためや、潜在顧客であるギャラリーから手っ取り早くフィードバックを得たりするためのマーケティングツールとして、多くの大企業がクラウドファンディングを活用している。

世界的に有力な数々のプラットフォームが、製品開発に役立つ情報を引き出すために一種の巨大なベータテストを行うフォーカスグループ、すなわち定性調査のツールとしての機能を果たしているのだ。

ところで、先頃映画監督スパイク・リーや経済学者ダン・アリエリーといった有名人が、映画やドキュメンタリー作品の制作資金を得るためにクラウドファンディングを利用した。すでに知名度のある人物がKickstarter（キックスターター）やIndiegogo（インディゴーゴー）といったクラウドファンディングサイト上に存在することに関して世間で論争が巻き起こり、蜂の巣をつついたような騒ぎになった。

自分のアイデアの実現に必要な資金をいくらでも別の手段で調達できる有名人がいたら、このサイトで日の目を見ないといけない無名の人たちのチャンスを狭めてしまうじゃないか、というわけだ。

しかし、ある研究の結果、**こうした有名人の利用には宣伝効果があって、サイト自体**

の露出が高まるので、ほかのプロジェクトのためにもポジティブなエクスターナリティとなることがわかっている。

Crowdfunding

クラウドファンディングは金融機関から融資を受けられないときの頼みの綱ではない

ここで、特に重要な点を強調しておかなくてはなるまい。**クラウドファンディングは、『ピノッキオの冒険』の金のなる木が生える奇蹟が原ではない。**プロジェクトの創案者でそのような見方をする人は、同じ比喩で言うなら危なっかしいピノッキオだ。

クラウドファンディングは有効なツールの1つだが、従来型の財政支援を補完するものだ。もしも、**金融機関から融資を受けられないときの頼みの綱だと考えているならば、それは間違いである。**

障壁の話をするなら、現状でクラウドファンディングの利用には、地理的要因による障壁がある。たとえばKickstarterでは、資金調達しようとする募集者の住所または会社の本店所在地がアメリカでなくてはならず、ヨーロッパで調達する場合はそれがオランダまたはイギリスになくてはならない（2016年、日本にも上陸）。

また、集まった資金の受け取りに関する制約もある。プロジェクトを公表するときに、資金の募集者自身が、募集金額と募集期間を設定するわけだが、Kickstarterの場合は、オール・オア・ナッシングのルールで、最初に設定した目標金額に達した場合しかお金を受け取れない。一方、Indiegogoでは、キープ・イット・オールのルールを採用していて、目標金額を達成しなかった場合でも、募集者は集まったお金を受け取ることが可能だ。

プラットフォームはおおむね4～9％の手数料を徴収する。

先に述べたように、クラウドファンディングは関係財の概念と深く結び付いたツールだ。人間関係というものが持つ性質と人のネットワークの構造が、クラウドファンディングを読み説くキーであり、ときにはプロジェクトの成否を左右する。

プロジェクトを公開したときに最初に出資するのは通常、そのプロジェクト創案者の周囲にいる親しい人たちだ。ということは、その人の評判や信用がもう1つのキーワードとなる。

友人・知人は、あなたの人となりを見ているものだ。そういう人たちがお金を出してくれるということは、あなたのソーシャルキャピタル、すなわち社会関係資本に経済的価値を与えるサインとなる。だから、SNSがクラウドファンディングでの獲得金額を増加させるレバーとして機能するのだ。

それなら、簡単？　まさか。

難題山積である。**超民主的システムで障壁が低いからこそ、プロジェクト実現のためには細部まで行き届いた対応が欠かせない。**一歩また一歩、メッセージからメッセージへ、リツイートとシェアの積み重ねが大切なのだ。意味のないことは何もなく、すべてが価値を生み出す。

それは、ほぼ何も隠し立てできない透明性のおかげでもある。現にプラットフォームでは、出資者の名前と出資金額が見られるようになっていて、すべての人が互いに認知される環境になっている。さらに、プロジェクトの実現性に出資者が関わるようなメカニズムによって、従来はあった製造者と消費者の間の距離がなくなっている。

一種の集合知を創出することで、一個人では越えられなかった壁を越えることができる。だからこそ、クラウドファンディングにはプロジェクトの実現可能性があるのだ。

Crowdfunding

クラウドファンディングの４つのタイプ

前述のMassolutionによる２０１２年のレポートによれば、ここ数年で確立されたクラウドファンディングの形式は、以下のように分類される。

・**寄付型**：資金調達者は寄付を募り、純粋におしるし程度のお礼で報いるタイプ。公益法人や非営利団体の資金調達には特に有効なキャンペーンの形式となっている。

・**株式型**：ベンチャーキャピタルの機能を持ち、クラウドファンディングの中でも大きな広がりを見せているタイプ。実質的な財政支援で、出資者はクラウドファンディングに典型的なごく少額の出資者であるが、資金調達会社の株式を保有し、製品またはサービスの売上から配当が保証される。

・**購入型**：出資者が出資金額に応じて対価を得るタイプ。この場合は、どれだけ奮発してくれたかに見合うインセンティブを検討し、有力な潜在的出資者に「ぜひともこれに」と思わせることがポイントとなる。インセンティブ体系の設計は簡単ではないが、うまくつくり込めば夢を叶えるチャンスが増す。

・貸付型（**ソーシャルレンディング**）：アメリカで広く普及しているタイプ。資金を必要とする人と提供する人を、金融機関を介在させずにつなぐツールだ。

貸付における対等な関係、ピア・ツー・ピアともいうべき形式で、ほかと同様に少額の出資の積み上げが資金となる。

クラウドファンディングが急成長するなか、これらのタイプのハイブリッドモデルも生まれつつある。

その1つが「do it yourself」だ。すでに安定している企業が、大規模な単発のキャンペーンとして、自社のウェブサイトに一種の資金調達用プラットフォームを導入することがある。エボラ出血熱対策への支援を目的としたフェイスブックの取り組みもこのタイプだ。

また、企業活動のレベルで話をするなら、顧客または従業員を製品の企画開発に参加させることで、自分も製品を提供する側の一員であるという認識と責任を感じてもらう方法があり、これをコーポレート・クラウドファンディングと呼ぶこともできるだろう（これはＣＳＲ、すなわちコーポレート・ソーシャル・レスポンサビリティという分野である）。

最後の例になるが、ボローニャでは、マドンナ・ディ・サン・ルカ教会を修復する資金を得るため、市が資金募集者となった。行政が公共性の高いプロジェクトを市民に提案して寄付を募ったのであり、これはシビック・クラウドファンディングというカテゴリーになる。

このケースは、公的資産への財政支援だが、そこに公的機関と民間のパートナーシップによるプロジェクトファイナンスという意味が加わっている。こうしたプロジェクトには、資金を効率よく集めるという目的を超えて、有権者から遠い存在だと認識されがちな市政と市民を近付けるメリットがある。市民の側も市が必要としていることを身近に感じて、自分が住んでいる町の資産の価値を再認識する機会となる。ボローニャの場合は、それが文化芸術資産だった。

クラウドファンディングに関するデータをいくつか

いかんせん急速に発展している現象なので、統計的なデータを作成するのが難しい。それでも、いくつか数字を挙げておこう。２０１２年から２０１５年までに、クラウドファンディング市場は３ケタの成長を遂げた。プラットフォームの年成長率は平均75％にもなる。アメリカが伸びを牽引しているが、ヨーロッパも負けてはいない。

グローバルで同じ現象が見られ、新興国での成長も著しい。特に中国・ブラジル・インドでは市場が爆発的に拡大し、関心を集めている。

２０１２年時点で、世界で公開されたプロジェクト数は１００万件に上り、30億ドル近い資金が集められた。

もっとも広く利用されているクラウドファンディングのタイプは寄付型と購入型だ。一方、ミクロ投資家が会社の株式を取得して配当を得たりする株式型は、今後大きく成長する潜在的可能性を秘めている。

プラットフォームの双璧は、先に名前を挙げたアメリカのKickstarterとIndiegogoだ。Kickstarterは、2009年の設立以来約600万人から総計10億ドルの出資を得た企業である。本社はアメリカにあり、ヨーロッパではイギリスとオランダに拠点がある。これらの国に住所がある人（または本店所在地としている会社）だけが、Kickstarterのプラットフォームにプロジェクトを公開して資金調達することができるが、今は拠点が世界中に拡大している。

サイト内で公開しているデータがまた印象的だ。2015年までに700万人以上の人が少なくとも1件以上のプロジェクトに出資し、このうち約200万人は2件以上に出資。また、公開されたプロジェクトの44％が目標金額を達成し、前述のオール・オア・ナッシングのルールに従って、集まった資金を獲得。プラットフォームの手数料は5％である。

一方、Indiegogoはワールドワイドで展開しているので、世界中どこからでもプロジェクトを公開できる。しかも、キープ・イット・オールだ。公開されるプロジェクトの30％がアメリカ以外からの募集で、それら外国プロジェクトの年成長率は250％を超えている。ただ、ジョナサン・ラウとエドワード・ジュンプランの調査によれば、掲載されたプロジェクトと集まった金額全体では、Kickstarterのほうが約6倍の規模になるという。

Indiegogoでは、目標金額を達成したプロジェクトにかかる手数料が4%、達成しなかったプロジェクトでは9%である。

ヨーロッパでは、プラットフォームの拡大が今も続いている。イタリアでも非常におもしろいのがMusicraiser（イタリアのバンドグループ「マルタ・スイ・トゥービ」のボーカリストが創設した）で、初の分野限定購入型プラットフォームだ。CD、ビデオクリップ、コンサート開催、プロモーションツアーなど、音楽に関係するプロジェクトのみが公開されている。

このように、**クラウドファンディングは、創造的なプロジェクトを実現する財源を効率的に確保する手段だ。**諸問題に効く万能薬でもなければ、従来の資金調達手段に代わるものでもない。**より効率的かつ合理的に資金調達するために、金融市場全体の中で伝統的な手段を補完する構成要素なのである。**

金融不況がクラウドファンディングの成長・発展の引き金となり、今もその過程にあるという事実は無視できない。そうした環境下で、プラットフォームは市場の要求に応えているわけだし、そうでなければ流動資金の行き先がなくなってしまう。

そしてこの発展は、インターネットの普及拡大とその影響力とは切っても切れない関係にある。前述のように、インターネットやSNSは、資金募集者のプロジェクトを広く流布し、支援を獲得する可能性を高める基本的なチャネルなのだ。

まだ市場は若く、今後の発展についてはかつてないほど不透明だ。

しかし、元プロテニス選手アガシのコーチだったブラッド・ギルバートは、世界ランキング1位になる前のアガシに、「サーブがよければいい結果がついてくるだろう」と言ったという。まずはネットの向こうにボールを入れてみることから始めてはどうだろうか。

第5章

情報社会が抱えるリスク
情報カスケードとデマの蔓延

Fake NewS

情報社会のイノベーションが抱えるリスク

本書も半ばまで来たところで、私たちを押し流していく流動的な情報社会とイノベーションが抱えるリスクについて話しておかなくては。夢のテクノロジーがいかにして怪物を生み出していくのか。それを見ていく。最初のテーマはデマだ。

世の中にはさまざまなことに関する陰謀説がある。第2章で紹介した『実践 行動経済学』の著者キャス・サンスティーンが社会心理学の視点からこの問題を取り上げた論文を書いたところ、アメリカで大きな議論を巻き起こした。

先進的なテクノロジーとＳＮＳは情報の強力な伝達手段だが、だからこそ情報が制御不能な状態で拡散していくリスクを知っておくべきだし、対策となる何らかの規制も早期に導入したほうがいい。

サンスティーンは、アメリカの第1期オバマ政権下で情報・規制問題室の室長を務めたが、第2期の初めに辞めてしまった。すると、サンスティーン退任の理由はこの論文のせいだと言う人が現れた（そういう人こそ何か企んでいたのではないのか……）。その論文のタイトルとは、まさに「Conspiracy Theories（陰謀論）」だった。

この論文は、冒頭で驚くべき不気味な事実を次々と紹介する。たとえば、アメリカの調査会社ゾグビー・インターナショナルによれば、2004年にはニューヨークに住む人の49％が、2001年に起きた同時多発テロ事件でワールドトレードセンター・ツインタワー攻撃の計画にアメリカ政府が積極的に関与していると信じていた。

また2006年にカナダで行われた別の調査では、回答者の22％が同時多発テロ事件の背後で、力のあるアメリカ人が密かに計画に関わっていたに違いないと回答している。

一方、イスラム教国家7カ国で行われた調査では、回答者の78％が、このテロ事件にアルカイダは関係ないと信じていた。

そのほかの問題についても、最近行われたアメリカの調査で、地球の気候変動、つまり温暖化はでっちあげだと思っているアメリカ人は37％、宇宙人の存在を示す証拠があるのに政府が隠していると確信している人は21％いた（S. van der Linden「Moon Landing Faked!!!
Why people believe in Conspiracy Theories（月面着陸は嘘だ!!!　なぜ人は陰謀説を信じるのか）」、『サイエンティフィック・アメリカン』誌2013年4月30日))。

ここで問題となる点は2つ。

- なぜ、このような噂話を信じる人の割合が、そのコミュニティ内の共通認識といえるレベルにまで高くなるのか。
- このような現象に対し、政府はどのような対策をとれるか。

最初の点に関しては2つの前提を知っておく必要がある。

1つ目は、**根拠のある正確な情報をもとにデマの否定がなされたとしても、陰謀説好きな人の目にはそのデマが真実であることを示すさらなる証拠に見える**ということだ。政府が存在を否定するってことは、やっぱり政府が陰謀に加担しているんだ、というわけだ。

2つ目は逆のパターンで、**陰謀説好きの人はしばしば、政府や高級官僚の能力と権限を過大評価**し、一般人とはかけ離れた悪魔的知能で怪しいことを企んでいると考える傾向がある。

Fake NewS

いかにして陰謀説が生まれるのか？

カール・ライムント・ポパーは、科学的手法の必然的な制約条件である反証可能性について考察を深めた哲学者だ。その「**陰謀理論**」（K. Popper「The conspiracy theory of society（社会における陰謀論）」『Conspiracy Theories：The Philosophical Debate（陰謀説：哲学的論争）』（D.Coady 監修）、アッシュゲート出版）で、**陰謀説は陰謀によって引き起こされる予測不能な政治的・社会的行動の過大評価をもとに成り立つ**としている。

実際に人間というのは、どんなことにも何かしらの意図が働いた原因がなくてはならない、と考える傾向がある。そして、すべての出来事に何かの意図が働いていると信じると、必然的に次々といろいろな考えが沸いてくる。それを典型的に表しているのが、まさに陰謀をテーマにケネディ大統領暗殺を描いた映画『ＪＦＫ』の監督オリヴァー・ストーンの次の言葉だ。

――私はクリストファー・コロンブスに疑問を持ち始めた。そしてジョージ・ワシントンを疑い、アメリカ南北戦争が奴隷解放のための戦いだったのかを疑い、第二次世界大戦がナチスとの戦いだったのかを……もう、私が生まれたのかどうかも、両親が誰なのかも、私にはわからない。

陰謀説がどのようにして生まれ、そして広まっていくかについては、多くの心理学研究があり、それにはいくつかのパターンがあるという。

❶ある陰謀説を受け入れるかどうかは、その人がほかの陰謀説も受け入れるかどうかの目安になる (M.Bruder, P.Haffle, N.Nouripanah, R.imhoff 共著「Measuring Individual Differences in Generic Beliefs in Conspiracy Theories Across Cultures: Conspiracy Mentality Questionnaire（文化を超えた陰謀説に関する一般的信念の個人差を計測する：陰謀説の捉え方に関するアンケート）」『フロンティアズ・イン・サイコロジー』誌、２０１３年４月30日、２２５号、２～15ページ）。

❷科学的に導き出された結果について、それが操作されているとか、でっちあげだとか思う人は、ほかの科学的な結果についてもそう思う傾向がある (S.Lewandowsky, K.

Oberauer, G.E.Gignac 共著「Nasa Faked the Moon Landing - Therefore, (Climate) Science is a Hoax: an Anatomy of the Motivated Rejection of Science（NASAは月面着陸を捏造した―だから、地球温暖化もでっちあげだ：科学の積極的な否定の分析）」『Psychological Science』誌、2013年、第24号、5番、662～633ページ）。

❸陰謀を信じる傾向がある人は、ほかの人に比べ、陰謀を企むことにも抵抗がない（K.M.Douglas, R.M.Sutton 共著「Does it take one to know one? Endorsement of Conspiracy theories is influenced by personal willingness to conspire（―を知るのに―が必要か？　陰謀説の指示は陰謀を企む個人の意思に影響される）」『British Journal of Social Psychology』誌、2011年、第50号、3番、544～552ページ）。

❹陰謀説に惹かれる人は、自分に対する評価が低く、政治を嘲笑する傾向があって、一般的に権力に対し敵意を抱いていることが多い（これは逆の因果関係も成立する）（D.Jolley, K.M.Douglas 共著「The social consequences of conspiracism: Exposure to conspiracy theories decreases intentions to engage in politics and to reduce one's carbon footprint（陰謀説支持の社会的影響：陰謀説に触れれば、政治への関心や二酸化炭素排出量削減への意思が削がれる）」『British Journal of Psychology』誌、2013年、第105号、1番、35～36ページ）。

Fake News

陰謀説はどのように拡がるのか？

というわけで、陰謀好きな人の特徴はわかった。では、どのように広まっていくのか。

サンスティーンは、陰謀説の流布にはいくつかメカニズムがあるという。

その1つは**コンスピラシー・カスケード**といい、まさに**情報カスケード**に関連した現象だ。

ちなみに、**情報カスケードとは、行動経済学のゲーム理論のキーワードの1つで、最初の人の行動を見て、次の人が真似して行動することを指す。**情報カスケードが複雑に作用することによって、制御できない情報が雪だるま式に膨らみながら、インクの染みのようにじわじわと広がっていくのだ。

古くはマーク・トウェインが、「私の死に関するニュースは、いささか大げさなようですね」と言ったというしゃれたエピソードがその様子を表現している。

ここで、A君とB君とC郎君が、とある出来事について、誰にその責任があるか話しているとする。まず、A君が話し、自分の意見を言う。B君はそれを聞いて、なるほどと思い、自分の意見を言う。それは、何か独自の理由があって賛成するのかもしれないし、あえて反対するほどの別の情報を持ち合わせていないから何となく同じ意見になるのかもしれない。一方、C君も、同じように考えている2人を前にして話に加わるが、その件に関するほかの情報は持ち合わせていない。

このとき3人は、事実上何も確かな情報がなかったのに、意識せずに、また望んでもいないのに、あとの影響がどうなるかわからない情報カスケードに力を貸してしまう。

もちろん現実の情況はずっと複雑だし、人それぞれ他人の話をどの程度信じるかというハードルもある。ただ、**陰謀説が広まるのは、そのハードルがその辺の植え込みの高さより低い人たちのおかげ**なのだ。

初めのうちは、ハードルがあってなきがごとき人たちだけが陰謀説に惹かれている。しかし、それがある程度の人数まで増えると情報に勢いがつき、それまでよりも少しハードルが高い人のガードをも破っていく。そしてさらに……と拡大していくのだ。

サンスティーンは、コンスピラシー・カスケードに見られる「体裁」という要素についても述べている。

人は、自分の周囲の人たちがある陰謀説を本当だと信じているとき、その人たちから邪険にされず受け入れられたいがために、その説に惹かれてしまうことがある。

そして、心理学でいう集団極性化現象（組織や集団での意思決定は、極端な方向に流れやすい傾向があることを指す）がある場合、情況はとても深刻になる。

まず、**思想の極性化と分裂が強い集団ではデマが広がりやすく、しかも浸透しやすい**。この現象については、数年前にコロラドでサンスティーン自身がおもしろい実験を行った。

まず、被験者となる人たちを集めたのだが、半数が民主党支持者、半数が共和党支持者になるように計らった。そして、事前準備として2つのテーマ、同性愛者カップルと気候の温暖化に関する意見を聞いた。これは、どのような考えであるかを予め確認しておくためで、1人ずつ個別に尋ねた。そして、適当にグループをつくって各テーマについて議論してもらい、最後に改めて個別にインタビューした。

すると、グループでほかの人たちと議論したあとは、それぞれ考え方が極性化するという興味深い結果が出た。つまり、革新的といわれる民主党支持者はより過激な革新主義者になり、保守的といわれる共和党支持者は超共和主義的信念を示したのである。

Fake News

政府は、デマの流布に対して、どんな対策がとれるのか？

問題点の2つ目に入ることにする。

デマの流布に関して、政府がどのような対策をとれるかということだ。これについて、サンスティーンはさまざまな選択肢を紹介している。

まず、**証拠を明らかにして否定する**（たとえばアメリカのsnopes.comは、詳細な調査と論証でデマの嘘を暴いているサイトだ）。

ただ、これには先に述べたように、余計に勘繰る人が現れたりするリスクもある。そこで、穏やかな手段として「**認知的潜入**」を試してみるという手もある。**陰謀説をまき散らすような集団の中に誰かが入り込み、批判的な思考の種まきをする**という方法だ。

サンスティーンは、テロ行為の危険が迫っていることを示す確たる証拠があるなど非常に深刻なケースを例に挙げ、公的機関のメンバーが、必要なら身分を隠して過激派グループの内部に潜入することが必要だと述べている。

ともあれ、本章で私たちが知りたいのは、通常の民主的な世の中でデマが拡散し、制御不能になった情報が悪しき効果を持つコンスピラシー・カスケードに発展するリスクを抑制するにはどうしたらいいかということだ。

これについてサンスティーンは、もっとも効果があるのは**ショック療法的な影響を与えられる人の存在**だと言う。ある集団が、内部で陰謀説を膨らませていながら、人前では陰謀反対の立場をとっているようなケースで、その集団からの信用のある人が一石を投じると効果がある。

つまるところ、**陰謀説は反証可能性が低く、その流布を食い止めるいちばんの方法は、認知的潜入をうまく処方すること**のようだ。

Fake News

ヘイトスピーチに、表現の自由はあるのか？

陰謀説と同じように、インターネットであっという間に広まっていくもう1つの問題がヘイトスピーチだ。ヘイトスピーチについてアメリカの司法の場ではおおむね、次のように定義されている。

人または集団に対する憎悪と不寛容を表現する以外の機能を持たない言葉や発言で、その集団への暴力的な行為あるいはその集団による暴力的な行為を触発しかねないもの（http://www.ilpost.it/2013/05/13/lo-hate-speech-per-i-social-network/）。

つまり、基本的に、**人または集団の性別・人種・性的指向に関する何らかの差別に基づいた侮辱**である。

それぞれの社会の構造とインターネットの影響で、こうした言葉の暴力がうねりとなって盲目的な怒りにまで突き進むことがある。その力は、しばしば〝ネットユーザーのチームワーク〟とまでいわれるほどだ。言葉自体はいい言葉に聞こえるが、もちろんアイロニーだ。

Googleの検索エンジンにはオートコンプリート機能というものがある。これは、検索エンジンのアルゴリズムで、ユーザーがよく使う言葉を基に検索を補助する機能である。

たとえば「黒人は」と検索ワードを打ち込むと、以下のように予測される言葉が並ぶ。

・黒人は劣っている
・黒人はバカだ
・黒人は醜い
・黒人は猿だ
・黒人は知性が低い

この状態は人と集団の権利を侵害している、とアメリカのGoogle本社に通報することはできるが、問題はGoogleにしてもネット荒らしやその集団が何かしてからでなければ動けないということだ。

そして、イタリアでショッキングな出来事が起こった。

ある男が妻を殺害し、その後、妻を冒涜する内容をフェイスブックにアップした。しかも、これに対し、数百の「いいね！」と「シェア」が集まっていたのだ。当然これをフェイスブック本社に通報したユーザーがいたわけだが、投稿の削除を求めた最初のユーザーに対する驚くべき回答がこれだった。

当社コミュニティの基準に違反しているのではないかとお考えの内容につきまして、わざわざご通報いただきありがとうございます。このようなご通報は、フェイスブックを安全かつ快適なものにするために不可欠なものです。

当社では、明らかな違反があるとお知らせいただいた投稿を分析し、当社が定めるコミュニティの基準に何ら違反しないことを確認しました。

フェイスブックはのちに男の投稿を削除したが、こうしたテーマがとてもデリケートで、しかも、その影響力が破壊的であることがこの件で浮き彫りになった。実際問題、インターネット上の投稿の検閲や制限は、人々の基本的な権利である表現の自由を侵害することになる。

では、インターネット界の立役者たちはどのようにヘイトスピーチを管理しているのだろうか。

YouTubeは、2006年にGoogleに買収されたが、差別的発言としてのヘイトスピーチを明確に禁止している。

フェイスブックは、言ってみればやや柔軟性があり、ヘイトスピーチがあり得る可能性を残しているものの、風刺や皮肉のある投稿に自由裁量で対応している。

一方、**Twitterは、自身の短い宣伝文句からもヘイトスピーチの問題を軽視している**向きがうかがえる（訳注：2016年からヘイトスピーチの全面的な取り締まりを開始しているようだ）。

ともかくも、ヘイトスピーチのような現象に対しては、注意深い研究や論考がなされて当然だ。たとえば、カリフォルニアのハンボルト州立大学地理学科の学生たちは、まさにTwitterからアメリカ国内のヘイトスピーチを抽出して、情況をマッピングし、人々の不寛容を表した詳細な地図を作製した。

ヘイトスピーチ問題の権威であるアメリカの法学者ジェフリー・ローゼンによれば、アメリカには表現の自由を妨げる法律の制定を禁止したアメリカ合衆国憲法修正第1条があり、大型のSNSは、常に表現の自由を尊重しなくてはならない。

しかし、ヘイトスピーチに端を発した人々の行動が公の秩序に関わる問題を招きかねない場合には、その管理を例外的に認める用意をしておくべきだ。

現実には、権利が守られる範囲と規制される範囲の境界線は一定ではない。国連は２０１２年に、中国・ロシア・タジキスタン・ウズベキスタンが提案した「情報の安全に関する国際行動規範（International Code of Conduct for Information Security）」を採択した。これは、国連に加盟する約２００カ国に、情報に関する自由を尊重しつつも、自国の情報インフラを外部からの攻撃や妨害活動から守る権利があると定めている。ただ、過激派を制限する必要に関しては議論のあるところで、また当然のことながらインターネット界の大企業は自主規制の権利を守るべく、この条文に強く反発した。

Fake News

「忘れられる権利」が認められるとき、そうでないとき

同じテーマに深く関連するのが「**忘れられる権利**」だ。

ヨーロッパでは、EU加盟28カ国の市民がGoogleやフェイスブックに対し、デリケートな個人情報はもちろん、自分のプロフィールに関連付けられるすべての写真とメッセージの削除を要求できるようにする法案が、ビビアン・レディング（2014年までEUの司法・基本的人権・市民権分野の委員だった）からEU委員会に提案された。

これがまた、格別に厳しい法案だった。というのも、企業側は削除の要求を受けたら、即座に削除するか、EU委員会自体に提訴するか、2つに1つを選ぶしかない。

しかし、EU委員会に提訴すると、仕方ないではすまされない結果になる可能性がある。棄却された場合、年間売上総額の2％に及ぶ制裁金が科されるのだ（それも、そういう件が発生するたびに）。Googleなら、その額は10億ドルに上る。

このテーマは違反かどうかの線引きが本当に微妙で複雑で、まるで解釈を誤るように音頭を取っているかのようだ（今から紹介するエピソードは音楽家の話なのでこんな言い方をしてみた）。

そのケースでは、ピアニストが『ワシントン・ポスト』紙に対し、自分のコンサートに関する批判的な評論記事の削除を求めた。確かに、ネット上でアイデンティティが傷つけられたときには、正当に回復を求めることが誰にでも認められるべきだ。それは、情報の自主決定という考え方である。しかしこのケースは、自我を悩ませ続ける状態を受け入れられないという、文化的敗北にすぎなかった。

Fake News

SNSは、私たちの暮らしの質を上げているのか？下げているのか？

それにしても、ヘイトスピーチや膨大な量のメッセージの拡散は、人々の生活にどのようなインパクトを与えるのだろうか。

インターネットはもはや、私たちの日々の生活の基本的な構成要素の1つになっていて、暮らしの質に影響する存在であることは否定できない。

ローマ大学ラ・サピエンツァのファビオ・サバティーニとルクセンブルク国立統計経済研究所のフランチェスコ・サラチーノという2人のイタリア人研究者が、初めてイタリアの状態を表すに足る研究結果を発表し、『MIT Technology Review』誌からも注目された。

この研究は、イタリア国家統計局が2010年から2011年にかけて国内の2万4000世帯を対象に行った多目的調査を基にしていて、全国を代表するサンプルとして十分である。
フェイスブックには全国で２７００万人のユーザーアカウントがあり、このうち１７００万人が少なくとも１日１回は何かしらアップしている。そこで、ＳＮＳの使用が特に人間関係の面で、さらには暮らしの快適さの面で、ユーザーにどのような影響を与えているかを調査したところ、興味深い結果が得られた。フェイスブックが相反する２つの効果を生んでいることがわかったのだ。

１つは、**実際の人間関係のネットワークを強化する**効果で、ユーザーの社会生活にポジティブに作用している。このとき、ＳＮＳは出会いや人間関係を活性化していて、人の暮らしの質にも好影響を与えている。

その一方で、まさにその影響を原因としたネガティブな効果があった。少なくともイタリアでは、特にネット上でのコンタクトが**現実のつき合いを伴っていない場合には、ＳＮＳの使用が他人への信頼感を損なってしまう**のだ。

ＳＮＳでは、街の広場を俯瞰的に見渡すように、そこで出会ったり話したりしている人々が見えるのだが、バーチャルなので、人々のやり取りを間近に見て知ることになる。そしてそれは、自分のリアルの人間関係のネットワークには含まれない人や物事だ。広場からは、人の悪口が聞こえてくることもある。また、実際に親しい友人とのつき合いで感じていた世間、自分もその一部を構成しているはずの世間とは合致しない世界が見えてしまうこともある。

これらは、軽視できないネガティブな影響を人に与える。SNSの過度の使用と幸福感の関係については、今後も詳細な研究がされなくてはならないし、また行政のレベルでも注意が必要だ。

不道徳な行為の経済学

本章も大詰めに入り、不法な行為と不道徳な行為をテーマにする。なぜ、そしていかにして、人は時折（とはいえ、私たちが想像するより頻繁に）、道徳的か不道徳的か、2つしかない選択肢のうち不道徳なほうの行為を選んでしまうのだろう。

テクノロジーと数々の新しいデータ収集ツールは、それを考える貴重な機会を与えてくれるものでもあるのだ。

イタリアでは、人々のモラルの低下を示すような事象が見られ話題になっている。そして、話し出すとすぐに、諸悪の根源は政治家だという話にすり替わる。不法行為と不道徳の見本となっているのだから、問題はああいう大物たちである、というわけだ。

前章で触れた経済学者ダン・アリエリーが、このテーマに関して多くの研究を進めている（2014年3月には、クラウドファンディングのKickstarterで13万ドルの資金を調達し、ドキュメンタリー映画『(Dis) Honesty: The Truth About Lies（［不］誠実：嘘に関する真実）』を制作したりもした）。

アリエリーは論文で、不道徳な行為について考えるときには、前提を誤って初歩的な問題の答えを間違うリスクがあることを指摘している。

前提とは、そもそもモラルの低下が広まっているのは、少数の腐った連中が原因なのか、それとも多くの人の中にどこか壊れたところがあるからなのかということだ。

後者の場合は、情報カスケードとインターネット、そして、それらの社会的構造がどのように作用しているのか。

アリエリーは、背景となるマクロ経済を理解し、企業にどのような影響を及ぼしているかを考えることで、この疑問に答えようとした。

たとえば、少し前に起きたアメリカのエンロンをはじめとする多くの大企業の不正会計スキャンダルについて考えてみてはどうか。イタリアも偉そうなことは言えない。ときどき新聞の見出しに踊る数々のスキャンダル、法の支配と倫理的責任感が急速に弱まっていることを示す事件。こうしたことは、ほんの一部の人の責任なのか。それとも問題はもっと複雑で、むしろ私たち一人ひとりの何らかの行動が関係しているのだろうか。

このテーマは、人の心の奥底に関わる問題なのだ。通常、自分自身に関する認識というのは、自分が属する世の中のイメージから切り離せない。そして人は、不道徳の銃弾から身を守る防弾チョッキを着込んでいるかのように、どのような事態に陥ろうとも自分という人間に変わりはないと思い込んでいる。

しかし、２００８年にアリエリーとその研究チームは、『Journal of Marketing Research』誌に発表した確たる実験結果で、**たいていの人は自分の不道徳な行動を自分自身に対して正当化する傾向がある**という説を裏付けた。

私たちは現に、自分に対するいいイメージを持とうとするものだ。自分はちゃんとした人間で、周囲の人からもそう思われたいと感じている。だが**その一方で、しばしば不道徳な行為が顔を出す。**アリエリーはこのトレードオフの解明に取り組み、人々はしばしば、特に周囲に大勢の人がいるときであればなおさら、特殊な振る舞いをすることを示した。**私たちは皆、自分自身に対するいいイメージを傷つけない程度の不道徳な行為、小さなルール違反をする**のだ。

実験では、被験者に数字を使った簡単なテストを受けてもらった。たくさんの数字が並んだ数列が20あり、それぞれの列から合計が10になるような2つの数字を抜き出す。全部解くのはそれなりに面倒だが、シンプルで難しくはないので、皆正しく解答できたと感じられる。テストを終えた被験者は、20列のうちいくつ正解していると思うかを言わなくてはいけない。

ただ、このときばれる心配も怒られる心配もなく、簡単に試験官をだませる状態にする。被験者は、テストが終わると部屋の奥にあるシュレッダーに解答用紙を入れて処分する。それから試験官のところへ行って、自分が正しく解答したと思う数を申告すればよいことにするのだ。

ただし、被験者は気づかないが、実はこのシュレッダーは紙の両端しか破砕しないので、実験する側は実際にどれだけ正解しているのか、後でちゃんと調べられるのだ。

自己申告された内容と事実の一致具合を検証したところ、統計的に堅固な結果として明らかになったのは、このように簡単に誤魔化せる情況にある場合、実際の正解数が仮に4であっても、申告される平均は6だということだった。

アリエリーは、同様のテストを方法や仮定を変えながら何度も繰り返し、**「セルフコンセプト・メンテナンス」**という理論を発展させた。**人は、自分が正直で真面目な心を持つと考えたがっているが、それでも他人をだます**、というか、**自尊心を傷つけない程度の不誠実なことをする。**

あなたも、会社から何か文房具（何でもいい、ノートとか蛍光ペンとか）を失敬したことがあるのでは？ ホテルの部屋にあったボールペンやシャンプーを持ち帰ったことは？ 今これを読んでいるあなたを想像すると、『不思議の国のアリス』に出てくるチェシャ猫のようににやにやしてしまう。

そういえば、新聞の見出しにこんなレトリックな質問を見たこともある。

曰く、ファイル共有ソフト「P2P」で、公開したばかりの映画やビートルズのアルバムをダウンロードしたことはありませんか？

そんなのは別に大したことではない、と思われるかもしれない。だがアリエリーは、不道徳な行為をしてしまう性向に関する独自の見解として、そこに自分の行動に注意を払うレベルを下げるメカニズムと不道徳さのレベル評価の可変性があると論じる。

つまり、**誘惑が強ければ強いほど、許容できることとできないことの境界がずれていく。**だから、不道徳な行為を踏みとどまれるかどうかのラインは一定ではない。

イタリアでは「30までできたのだから31もできる」と言って人を励ましたりするが、このフレーズの起源を知ったら、そう気分よくは言えなくなるだろう。

というのも、キリスト教世界が重大な局面を迎えていた1517年、時のローマ教皇レオ10世が枢機卿会議を招集、自分の気に入らない枢機卿をすべて罷免し、自分が好きな人物だけ31人も選出した歴史上の出来事に由来しているからだ。

ある種の行為が当然のように存在して文化の一部になってしまうと、モラルの低下が長期にわたって嫌悪すべき効果を生み続けてしまう。

イギリスは古来ヨーロッパで、その繁栄に対するやっかみからか「不実なイギリス」などと呼ばれてきた国だが、そのイギリスで先頃、アリエリーの説を裏付ける調査結果が出た。スーパーマーケットを訪れる消費者2634人（すべて大人）を対象にした調査で、20％の人がセルフレジでうまく会計を誤魔化す犯罪を犯していた。

物は果物・野菜が多く、オレンジを1つとか、ブドウを少々とか、あるいはパンなどを、大して意識もせずにさっとレジ袋に滑り込ませる。その合計は1人当たり月に15ポンドほどだ。

イギリスのスーパーマーケットでこの手の損失は年間16億ポンドと推計され、被害額はセルフレジの増加に伴って近年、着実に増加している。この損失は当然、販売価格の上昇や店舗閉店という形で、いずれ人々の生活にのしかかっていくことになる。

これと同じことが多くの分野で起きているのだろう。だから、アリエリーとそのチームが進めているような綿密な調査が必要なのだ。彼らがこの研究を進めるにあたり、金融危機が始まった2007年に起きたさまざまな出来事の解釈にこだわっているのも気紛れではない。

そしてもしかしたら、こうした研究のおかげで、私たちのモラルの問題についても、もっと詳細で信頼のおける分析ができるようになるかもしれない。

そしてもしかしたら、質の良いデータとソーシャル媒体が、仲間と同じことをしようとする感情、すなわちピア・プレッシャーの役割を果たすツールになれるかもしれない。

そしてもしかしたら、つい惰性でしてしまう不道徳な行為が集団的悲劇にまで発展するような現象を食い止めてくれるかもしれない。

第6章

ビッグデータが統計における
コペルニクス的大革命を起こす

これまで紹介してきた事象にも増して、私たちの生活に強いインパクトを早々に与えるようになったもの、それがビッグデータだ。この言葉は、私たちの会話の中にもすっかり定着した。しかしながら新語の常として、言葉だけが制御不能な状態で飛び交い、間違っているとはいかないまでも、その意味は正しく理解されていないようだ。

Big Data

ビッグデータとは要するに、何なのか？
何が変わったのか？

かつてない膨大な量の情報と観測データが新しいタイプのデータベースに溢れ返っているというのがビッグデータのイメージだ。調査対象の集団からとるサンプルを基にしていたスモールデータ時代は終わり、コンピューターの情報処理能力と保存容量のいっそうの強化が求められるようになった。

もちろん部分的にはそのとおりなので、本章ではこのあと、そのへんのところを明らかにしていく。ただ、ビッグデータという現象を読み解くには、この解釈ではあまりにも不十分だ。真に革命的な特徴は、データの量ではなく（というか、量だけではなく）、データの構造なのだ。

これまで、統計の研究や分析をする人は、n×kの四角い表（nは分析対象の観測結果、kは変数）に表されるような整理されたデータセットに慣れていた。

ところが今、私たちの前にあるのは、**デジタルデバイスや、そこらじゅうの機器に取り付けられたセンサーが、GPSによる位置情報とともに1／1000秒単位で収集した正確な点描画のような情報**だ。

その分析と研究の可能性は、計り知れないほど増大した。無限なまでに豊かなデータセットなのだが、整った構造のないデータセットでもある。そこから何らかの規則性を導き出すには、数百万人のユーザーから同時に届くデータのインプットをリアルタイムで処理する能力とサーバーが必要である。

従来の方法で正確な統計調査をするには、対象となる集団を統計学的に代表するサンプルを抽出して行うため、n＝N、すなわちサンプル数と集団全体は等しいことが望ましい。ただ現実には、サンプルの漏れやデータの不足はあり得ることで、それを考慮しなくてはならない。ビッグデータなら、その問題が解消される可能性がある。

この革命が始まって数年、ビッグデータを扱い、そして利用する能力は、人材市場で競争力を発揮する強みとなりつつあり、データサイエンティストという職業が生まれるまでになった。

データサイエンティストは単なる統計の専門家ではない。なぜなら、データ収集・収集したデータの保存・柔軟かつスピーディなデータ変換などのシステムのプログラミング能力がなくてはならないからだ。

データの分析によって得られた情報を図やグラフに表したり、パッと見てわかるポップな報告書にまとめたりするなど、一般大衆と大差ない理解レベルの会社の販売部門の人たちにも情報が利用できるようにする能力も必要だ。

今後、時とともに、新しい統計法の体系が急速に確立してくれれば、プログラムのコーディングと数量分析全般に関する何らかの手法が大規模に普及することも考えられる。そうなれば、現状で技術者（ITエンジニアあるいはいわゆるコンピューターサイエンティスト）とそれ以外の人を隔てているスキルのギャップが縮小することも理屈としてはあり得る。

ビッグデータとともに知られるようになった言葉に**データフィケーション**がある。**こ**

れまでアナログなテクノロジーの領分だった、暮らしのさまざまな面を定量化することを意味する言葉だ。まだ始まったばかりだが、このために今後は新世代の教育と人材育成のプログラムにドラスティックな変更がもたらされるだろうし、すでにその兆しはある。

また、定量法とその統計分析の研究はもちろん、見かけ上は数量による計測と関係がないように思われていた分野にも、投資が求められる世の中になるだろう。

データフィケーションの先駆け

ビッグデータにまつわる大きな誤解の1つは、データフィケーションがデジタル革命の時代とともに始まったという認識だ。事実、デジタル革命によって、消費者にとってはさまざまな物やサービスの価格が下がり、同時に通常のコンピューターでは処理能力が間に合わなくなって新たなデバイスが発明され、データ自体とデータを活用した文化の普及が加速した。

しかし、**事象の定量化とデータの価値を基礎とする社会を築く考え方**とアイデアは、ずっと前からあったのだ。その事実に光を当てる歴史上の出来事は、ここで紹介するにふさわしい。大きな変革が起きるときは、しばしばその変革を起こした本人が思うよりもずっと大きなインパクトがあるものだ。これも偶然が生んだすばらしい物語である。（これからご紹介する逸話は、『ビッグデータの正体　情報の産業革命が世界のすべてを変える』ビクター・マイヤー＝ショーンベルガー、ケネス・クキエ著、斎藤栄一郎訳、講談社、2013年、に詳しい）。

事の発端は、ある事故だった。アメリカ海軍の士官マシュー・フォンテーン・モーリーが乗っていた乗合馬車が横転し、この大志を抱いた前途有望な士官は腿を複雑骨折、膝をねん挫した。膝のほうは大した怪我ではなかったが、腿のほうは後日手術を受けたものの回復が思わしくなく、生涯片足が不自由なままになってしまった。

結果として、海軍での出世は望めなくなった。そして、名前からしていかにも埃っぽく、仕事にやりがいがありそうもない部署、海軍海図・測器局、つまりは海図と航海日誌の保管所、その局長にされたのだった。

そんな不運な始まりから、アメリカはおろか世界の航海システム全体にとってこの上ない幸運となる出来事が起きようとは、いったい誰が想像しただろう。

実はモーリーは、数字と情報収集が大好きだった。その部署の局長に着任するとすぐに、長い間放置されていた（そして忘れられていた）天体観測用の六分儀、方位磁石、気圧計といった用具類すべてのリストをつくった。そして、誰の物ともわからなくなって埃を被っていたトランクの中から、ずっと以前の提督たちがつけていた航海日誌を見つけた。

それは、ほとんど塩気でぼろぼろになっていて、しかも一見無意味な数字がぎっしり書き込まれているだけのノートだった。しかし、多くの人にとってはそのまま腐らせても、容赦ないネズミのエサにしておいてもよさそうな紙くずが、モーリーにとってはまさに金脈だった。

風力と風向き、正確な日付と場所ごとの気象、潮流と速度といった数々の詳細な情報。モーリーは、局内の人員を使ってこれらの観測データを集め、整理し、まとめた。人員は何十人かいて、おもしろいことに彼らは計算人、すなわちコンピューターと呼ばれていた。

真摯な集計作業のおかげで新しい海図を実現する基礎ができた。これで、どのような種類の船でもいちばんいい航路をデザインできるようになる。モーリーとそのチームは、大西洋を緯度と経度5度ずつの区画に分け、各区画の中に月ごとの気温・風向き・流速を書き込んだ。
そこから明らかになった気象の正確な傾向と規則性は、それまでアメリカ海軍の数々の遭難の原因となっていたたくさんの思い込みや、過去の提督たちが伝統的に選んでいた航路の妥当性を覆すものだった。

それほどのことを成し遂げてもモーリーは満足せず、情報収集を続けた。ちょうど今のGoogleがしているように、新しいデータを見つければ見つけるだけ、アルゴリズムが向上して情報の精度が高まることが、モーリーにはわかっていたのだ。
だから、貨物船であれ旅客船であれ、あらゆる船が記入する標準的な書式を用意し、船が情報を持ち帰れるようにした。さらに、着岸するすべての船に航海日誌を提出させることにした。航海日誌を回収するため、港には常に数十のボートを配備した。その結果、このプロジェクトに賛同するたくさんの船が、協力することを示す目印の旗を掲げて回収のボートを待ち受けた。

これはデータ収集のコミュニティであり、フェイスブックのシェアやTwitterのリツイートによる情報共有の先駆けといえる。短期間のうちにモーリーは、(データの収集方法を仕組み化するとともに）航路をデザインする新しい方法を確立し普及させたのである。

観測データを扱う最初の完璧なシステムが船乗りのネットワークから生まれるとは、どこか詩的で夢がある。そして、モーリーの業績のすべては、著書『Physical Geography of the Sea（海の物理地理学）』に注ぎ込まれている。信じられないだろうが、根気強い作業の成果である記念碑的なこの著書には、実に120万に及ぶ観測データが載っている。紙に鉛筆で手書きの時代に、まさにコンピューターと呼ばれた人たちの熱意と能力の賜物だ。この意固地なまでの努力の成果が、今日の海図の基礎となっている。

ビッグデータによるデータフィケーションは、グーテンベルグ以来の大革命

そして今、私たちは時代を画す壮大な何かを前にしている。ある意味、革命であり、これに匹敵するパラダイムシフトは、1400年代半ばにグーテンベルクが発明した活字印刷機の使用開始しかない。

いくつか印象的な数字を挙げてみる。たとえば、2013年に『サイエンス・デイリー』誌に掲載された記事によれば、それまでの2年間に人間が創造した情報量は、人類の歴史全体にある情報量の90％に上る。

また、2000年頃に世界で生まれた情報のうち、デジタル情報として保存されたのは全体の25％にすぎなかったが、その後15年もしないうちに情況は逆転、2013年には情報全体の98％がデジタル情報だった。その総量は1200エクサバイトだという。

ペタバイト、エクサバイト、ゼタバイト、ヨタバイト？

ここまで来ると、比較対象すらない単位の迷宮にはまり込んでしまう。実際どのくらいなのかと言うと、エクサバイトとは、1000000000000000000バイト、つまり10の18乗バイトである。

10億の10億倍といえば、少しはわかりやすいだろうか。

この数字のすごさを、もう少し具体的にイメージしてもらおう。もし、この量のデータを本に書いて出版したら、イタリアの国土面積の1700倍のスペースが必要になる。そこに書かれているすべての言葉の鋳型をつくったら、まさに文化の重みでイタリアは沈没する。

あるいは、昔懐かしいミュージックスター、フランク・シナトラの「フライ・ミー・トゥ・ザ・ムーン」のCDを同じデータ量になるまで積み重ねていったら、5回も月に行ける。紀元前4世紀末にプトレマイオス1世は、人間が生み出したすべての知識を集めて保管すべく、エジプトのアレクサンドリアに図書館をつくった。すばらしい。だが現在、人間は毎年1人当たりアレクサンドリア図書館320軒分の情報にさらされている。

だから、**情報の大洪水は、人類の歴史を変えるほどの出来事**なのだ。活字印刷機が使われ始めてから50年間で数百万の本が出版され、それまで何百年もかけて修道士たちが辛抱強く筆写して作り上げた書物の量を圧倒的に上回った。

このような飛躍があるとき、その変化の過程は当然生易しいものではない。そして、劇的に過去との断絶が起こる。

印刷機の場合には、ルターが聖書をドイツ語で印刷し、じわじわと普及して誰もが読めるようになった結果、ついにカトリック教会による教義の独占状態を打破するに至った。

ビッグデータは、もはや人々の生活にシステマチックに入り込んでいて、それに気づかないことすらある。

たとえば、私たちがスマートフォンを使うとき、シリコンバレーのマウンテンビューやクパチーノなどの町にあるサーバーが、すべてのメッセージや入力されたワードを収集している。そして、自動的にアルゴリズムが向上し、私たちに文章の続きをアドバイスする。このメカニズムは書き間違いも収集していて、そこから私たちの文章の書き方の規則性を導き出す。適応性能によってこれらのプロセスはますます効果的になり、よりパーソナライズされていく。

アマゾンが送ってくるおすすめ商品の案内は、各ユーザーの購入履歴だけではなく、ほかのユーザーの情報も参考にしている。つまり、無数の情報をもとにユーザーのプロフィールをタイプ分類して分析しているのである。だから、アマゾンは私たちのことをそれなりに知っているのだ。

いろいろ驚かされたかもしれないが、それでも望むと望まざるとにかかわらず、新しい世界が広がるというのは想像以上に魅惑的なことでもある。

ここで、アメリカのディスカウントストア・チェーンを展開するターゲット社のケースを紹介したい。『ニューヨーク・タイムズ』紙の記者で著書も多いチャールズ・デュヒッグが同紙に記事を書いたことで有名になったエピソードだ。

それは、統計学者アンドリュー・ポールが、この会社のデータ管理部門の長になったことから始まった。アンドリュー・ポールは、それまでに蓄積されていた無数のデータを活用して顧客の消費行動の規則性を探り、最適なメッセージで顧客とコンタクトできるよう、マーケティング手法を抜本的に改革した。そして問題のエピソードが起きるのだが、これがビッグデータの可能性を実によく表している。

ある日、ミネアポリスのターゲット社の倉庫に、「責任者に会わせろ」とかんかんに怒った男がやって来た。男が言うには、まだ16歳の娘に、ターゲット社から、おむつと哺乳ビンの広告が届いた。それも、まるで娘が妊娠しているかのようにほのめかしてあるのだから、けしからん。広告を送る相手を間違えている。というわけだ。

結局その日、男は責任者に会えず、さんざん苦情を言って帰っていった。後日、責任者が謝罪の電話をかけると、あの気の短い男がすっかりおとなしい温和な人になっていた。というのも、電話までの数日の間に、このとてもデリケートな問題を娘が両親に隠していたことがわかったからだった。

親でさえ知らなかったのに、ターゲット社はいったいどうやって数ある顧客の中から、妊娠というお祝い事を迎えている人を見つけ出すことができたのか?

妊娠している可能性のある女性を識別できれば、それは会社にとって重要な情報になる。子供が生まれれば、おむつや哺乳ビンだけではなく、世帯の消費習慣が大きく変化するからだ。

答えはこうだ。アンドリュー・ポールと統計の専門チームは、ターゲット社のデータベースに蓄積された情報の中から、ある規則性を発見した。

アメリカの女性は妊娠すると、数ある商品の中でも特に洗剤は、肌に優しい独特な成分の商品「アムキーナ」を選ぶようになり、そしてコットンを大量に消費するようになる。

こうした情報（ほかの事象に関しても）を集約したアルゴリズムによって、ターゲット社は、ターゲットとなる消費者群を76％の正確さで割り出すことができるようになったのだ。

何らかの規則性を見出すために、文字どおり莫大な量の情報を活用する。それがビッグデータの機能だ。

こうしてアマゾンは、数あるKindleのラインナップからユーザーにもっとも読まれるはずのものを選び出す。

こうしてGoogleは、今や多言語で活用できるようになった翻訳機能を構築し、それを今も向上させている。

Big Data

Googleインフルトレンドが示した世界

全面的なデータフィケーションが始まってからまだ日が浅いので、ビッグデータの使い道も利用も初期段階だが、早くも壮大な可能性を示している。

たとえば健康に関する分野でも、生物物理学上の指標をリアルタイムでモニタリングすることで、健康状態を管理するだけではなく、何かの病気やその症状の発症を予測できる。医師はそれを診断に活用できるし、患者も非常に客観的な正確さを持つ検診ツールとして活用できる。

そして実際に、２００９年にビッグデータというものが人に知られるようになったのは、まさに健康に関するエピソードがきっかけだった。

病気が流行しているとき、その診療情報の記録をつくるのは簡単な作業ではない。アメリカの場合、疾病対策予防センター（ＣＤＣ）が医師から情報収集する任務を負っている。

医師は、当然だが患者の来診を受け、カルテに情報を書き込むので、これを収集する。だが、人が病気になってから病院に行くまでには、数日が経過している。そして、医師がCDCに情報を提供するまでの時間がある。そこからさらに、CDCからWHO（世界保健機関）に情報を回して、WHOが集計するまでにまた時間がかかる。しかし、特に伝染病や汎流行病と闘う場合には、スピードが肝心だ（最近のエボラ出血熱流行のケースを思い出してもらいたい）。

こうしたなかGoogleは、2009年に、ある研究の成果を『ネイチャー』誌に発表して大きな論争を巻き起こした。それは、ビッグデータをもとに病気の流行を測定するという新たな手法、「Googleインフルトレンド」の提案だった。

考え方はシンプルだ。人が病気になったとき、インターネットの使用に規則的な変化が見られる。その病気の情報を探したり、体にいい食生活について調べたり、特定の薬または病院を探したりする。

そこでGoogleは、**H1N1型のインフルエンザが流行したときに、関連する5000万以上のキーワードを分類・整理することで、ウイルスの蔓延情況をリアルタイムで推測するシステムを開発した**のだ。それによって、CDCの役所仕事による時間の問題（感染から公的記録までに2週間かかる）を解決したばかりか、地域ごとに状態を把握できるH1N1型ウイルス地図を描けるようになった。

こうしてGoogleインフルトレンドの開発は、ビッグデータの有効性を伝える好機となったが、同時にビッグデータが抱える課題も明らかになった。

実際のところ、伝統的な統計方法に慣れ親しんできた人たちにとって、統計の革命という現実は受け入れ難いパラダイムシフトである。どこにあろうと何であろうと、あらゆるデータを吸い上げる手法から得られる成果は、従来の調査研究から導き出す成果とは、その表現形が根本的に異なるのだ。

ここで、第1章を思い出してほしい。統計では、「なぜ」という質問に答えること、そして「何が」という質問に答える明確な証拠を探すこと、それが因果関係と相関関係の見極めのポイントだ。ビッグデータは、リアルタイムで情況を描写する爆発的な能力によって「何が」に答える。だが、**賢くも誠実に「何が」にしか答えられない。**

しかも、込み入った思考が介在しない相互関係の世界でしか対応できない。ビッグデータとは、**伝統的なサンプル抽出による推測で求められる正確さを度外視して、事象の規則性をそのまま導き出す**ものなのである。

一般的に、調査対象となる集団Nのうちサンプルnだけから情報を収集する場合、nが少なければ少ないほど素早くすっきりしたデータセットを作ることができるが、より厳格な統計的推測を行わなくてはいけない。そのバランスで、Nを正しく表現できるよう、nはなるべく多く取ろうとする。

逆にビッグデータの場合は、事実上、nはNに相当する。この巨大なデータセットを扱うときに、必然的に統計的推測、つまりそこから導き出す知見の誤りや見落としを引き起こすことがある。

唯一無二の生きた統計的証拠を提供できる一方で、最悪の場合は導き出した成果である推測の正確さが低下してしまうのだ。

逆説的な事象に関する永遠のテーマ、ボルヘスの帝国の地図の話。**広大な帝国を忠実に表すためには、地図にも帝国と同じ大きさが必要か。ビッグデータがあるということ、それは帝国と同じ大きさの地図を持つということ**なのだ。

ただ、誤解しないでほしいのは、第1章の『マスターシェフ』の検索回数とイタリアの公的債務の相関関係の例、あれは「何が」に答える、それぞれの事象を描く役には立っているのである。

ビッグデータを盲信する危険

この新しいパラダイムは、従来の手法を無効にするものではない。研究者の引き出しに加わるツールの1つである。なぜなら、何らかの現象に「なぜ」と考えることの大切さと必要性には変わりがないからだ。

要するに、「何が」に対する答えも、「なぜ」に対する答えと同じくらい有意義な統計的証拠だが、その扱いには注意が必要ということだ。実際に、Google インフルトレンドによって、ビッグデータを盲信する危険が露呈してしまった。2014年に『サイエンス』誌に掲載された記事によれば、ビッグデータをベースにしたGoogle インフルトレンドには、インフルエンザの流行を過大評価する傾向があったのだ。もちろん、だからといって、ビッグデータの有効性を否定するつもりはなく、ビッグデータには大きな可能性があることも今一度強調しておく。しかし、なぜこうした傾向が表われるのか？

インターネットで検索されるワードだけを基にした予測は、単に「何が」を見定めているにすぎない。つまり、インフルエンザに関するGoogle検索の動向とインフルエンザの流行との関係は、必ずしも人がインフルエンザに感染しているという事実で結び付けられているとは限らない。世の中でインフルエンザが話題になっていれば、人は別に感染していなくても、そのウイルスについて調べたり、予防しようとしたりするものだからだ。

上述の『サイエンス』誌の記事で言及された流行の評価のバイアスは30%。誤差程度ではない。

Big Data

ビッグデータの管理とリスク

ビッグデータの活用が期待されるもう1つの分野が「犯罪」だ。すでに複数のパイロット・プロジェクトがあり、イギリスでは犯罪対策への適用が始まっている。この場合も、センサーやスマートフォン、防犯カメラなどからリアルタイムで収集される情報のデータフィケーションによって、犯罪の発生情況を点描画のようにマッピングできる。これを活用するのだ。
説明するために、まず恐ろしい話を例に挙げるが、それで何をしようとしているのか、事の重大さをおわかりいただけると思う。

かつて旧東ドイツにあった秘密警察「シュタージ」は、治安を守る仕組みとしてもっとも効果的（かつ非人道的）にできていた。当時、反体制に回る人を取り締まるため、国民の生活から内面的なことまで詳細な個人情報が収集された。その記録文書は3900万枚に及び、並べたら総延長110キロメートルになるほどの量だった。

それがすべて密告者やスパイによって集められていたので、国民の誰一人として自分は安全だとは感じられず、実際に安全ではない社会だった。人が全面的に絶対的な管理下に置かれるこの情況、まさにオーウェルが描いたディストピアを地で行く最初のケースと言っていいだろう。

ビッグデータというのは、飛躍的に進化した収集方法で同様の情報を収集できるということだ。だから当然、それを通常の警察の支援として使うことができる（すでに使用され始めている）。

たとえば、盗難やその他の犯罪が町のどのエリアで多いかを正確に知ることができるし、個人のプロファイリングもできて、もしかしたら、テロ行為を実行する人を高い確率で予想できるようになるかもしれない。

　このような飛躍によって人々はどこへ導かれていくのか、それは私たち次第だ。いい使い方（たとえば空港での面倒臭い厳重なセキュリティチェック。特定の民族あるいは宗派に限ってチェックのレベルを上げるとか）もあるし、悪夢のようなシナリオを生む可能性もある。どんな悪夢かの説明は、小説『ザ・サークル』に託す。

　何でもそうなのだが、ツールは進化していくもので、それをどう使うかが問題なのだ。今、かつてないほどにその責任が問われている。私たちはどのような未来を生きるのか、真の挑戦である。

第7章

生活の質を測る
新しい指標とテクノロジー

ＧＤＰの代替指標を求めて

世の中の事象を表すために指標が使われる。そして、指標は経済構造と社会構造に影響を及ぼす。よく使われる指標の代表例がＧＤＰ（国内総生産）だ。これは国内経済で一定期間に生産された財貨とサービスの総額で、以下の要領で算出することができる。

・国内で最終使用された支出の総額（民間消費、民間投資、公的支出、純輸出）
・経済的主体の収入の総額（給与およびその他の勤労報酬、企業の財産所得）

ＧＤＰには指標として次のような長所がある。

・総合的な指標であり、理解しやすく、世界各国と比較しやすい。
・寿命、民主的政体、紛争の不在といった多くの面で国民の幸福と相関性がある。

逆に、これを使用するときに短所となるのが、

・ストック（資源）の変数が考慮されていない。たとえば、富、負債、自然資源など。
・重要な経済的変数が含まれていない。たとえば、家事労働、育児、社会資本、ボランティア活動、関係財など。
・幸福にネガティブに関連づけられる変数が含まれている。たとえば、環境汚染行為、離婚や事故に伴う支出、エネルギーの浪費など。

1人当たりのGDPはその国の国民の平均収入と一致する。また、GDPは民主的組織の発展・健康状態・環境への最大限の配慮・武力衝突の不在といった一連のポジティブな社会的状態に伴う経済的繁栄を表している。ただし、この相関関係は因果関係ではない。いくつかの研究によれば、この相関関係自体も、1人当たりのGDPが約1万5000ドルの場合にだけ有効だという（『幸福の政治経済学―人々の幸せを促進するものは何か』ブルーノ・S・フライ、アロイス・スタッツァー著、佐和隆光監訳、沢崎冬日訳、ダイヤモンド社、2005年参照）。

経済的に豊かな国々の中で、人々の幸福感の平均が低い国は存在しない。だが、豊かな国では、平均収入が特に高いということが人々の幸福感に有意な効果を与えているわけではないようだ。

一方、貧困国または途上国では、国民の満足感が低い水準にある。ただし例外もあって、平均収入が低いにもかかわらず高い満足感を示す国がある。幸福感と収入の関係はとても複雑で、比例もしないし、はっきりした因果関係もない。

ここで、国の発展を見る別の指標をつくるためのアプローチを2つ挙げておく。

・GDPと同様の総合的な指標とするが、考慮する下位要素をより多く取り込み、各要素が等しくその指標に反映されるようにする。ただし、1つの指標の中に複数の変数が〝隠れて〟しまうため、個々の変数に政策決定者の注意が向けられにくくなる。

・集計せずに個々の指数のセットをつくる。この方法は、フランスのスティグリッツ委員会（経済業績と社会進歩を計測する委員会）がまとめた報告書の内容を踏まえ、イタリア国家統計局が開発したBES（公正で持続可能な幸福）という指標で採用している。実務的に簡単ではないが、実態をよく表した幅広い情報を多数得られる手法である（175〜178ページ参照）。

Quality of Life

国連の人間開発指数ＨＤＩ

ＨＤＩ（人間開発指数）は、１９９０年にパキスタン人経済学者マブーブル・ハックとインド人経済学者アマルティア・センによって考案され、１９９３年からＵＮＤＰ（国連開発計画）で採用されている。以下がＵＮＤＰによるＨＤＩの説明だ（http://hdr.undp.org./en/content/human-development-index-hdi）。

「一国の開発のレベルを評価するに当たっては、経済成長だけではなく、**人間および、人間の自由の拡大を究極の基準とするべきであるという点**を強調するために、ＨＤＩは導入された。

また、ＨＤＩは、政府の政策の当否を論じるきっかけにもなりうる。この指数を参照することにより、２つの国の国民１人当たりの国民総所得（ＧＮＩ）が同じレベルでも人間開発のレベルが異なる場合に、その事実を浮き彫りにすることが可能になるのである」

具体的には、以下の3項目について、標準化した指数の平均値を用いて表す。

・健康に生きられる寿命（誕生からの平均余命、20から85まで）

・きちんとした教育（25歳までに何年間教育を受けたかの平均と、子供が就学年齢から何年間教育を受けられるか）

・生活水準の良さ（1人当たりGDP、最小100ドルから最大7万5000ドルまで）

これらについて、それぞれ0から1の評点をつけて集計する。そして、世界各国の統計データとランキングが報告書として毎年公表される（0〜0・55は低位、0・55〜0・7は中位、0・7〜0・8は高位、0・8以上は最高位）。

これは国全体を表す総合的な指数なので、一国の中で集団によって人間開発の水準に格差があってもわからない。集団とは、所得水準・地理的区分または行政区域・性別・民族によって構成される対象である。

また、資源の分配情況が異なる2つの国で同じ平均値が出ることがある。そのため、HDIを分解し、（あたかも各集団がそれぞれ1つの国であるかのように）集団ごとに異なる指数を求め、それを考慮した新たな指標、**IHDI**（**不平等調整済み人間開発指数**）が使用されるようになった。これを検証することで、不平等削減のための国家政策を促進することができる。

ＩＨＤＩが導入されたのは２０１０年だ。それ以来、国全体の教育・健康・所得に関する評価だけではなく、国民に各項目の価値が適切に分配されているか、不平等の深刻さを考慮した値で見られるようになった。国の中で不平等がなければＨＤＩとＩＨＤＩの値は等しくなるが、不平等が拡大するとＨＤＩの値が低下する。

ＩＨＤＩとＨＤＩの差異は、不平等を原因とした人間開発の損失だ。この変数を知れば、不公平をなくすための政策を検討するきっかけになるし、国民の不平等をきちんと把握できる。

不平等を原因としたＨＤＩの損失の世界平均はおよそ22・９％（最小値はフィンランドの５・５％、最大値はアンゴラの44％）である。

真の進歩指標（GPI）

GPIは、経済・環境・社会の面の26のファクターを反映させて1つの値にした指標で、より詳しく国の発展（または停滞）のイメージをつかむことができる。

・**経済面のファクター**：個人消費支出、所得配分、〝調整済み〟個人消費、耐久財コスト（自動車や冷蔵庫など）、耐久財の価値、不完全雇用コスト、純資産投資（外国向け投資の総額から外国による国内投資を控除した値）

・**環境面のファクター**：水質汚染コスト、大気汚染コスト、騒音コスト、ウェットランド（湿原・湿地）の縮小、農地の縮小、森林の縮小、二酸化炭素排出による損害、オゾン層破壊に関連するコスト、再生の不可能な資源の枯渇に関連するコスト

・**社会面のファクター**：家事労働と育児労働、家族構成変動コスト、犯罪コスト、家庭での汚染防止コスト、ボランティア活動の価値、高等教育の価値、道路と高速道路の価値、通勤コスト、交通事故コスト、余暇時間減少による損失

地球幸福度指数（HPI）

2006年にイギリスの調査機関ニュー・エコノミクス財団が導入した指標で、人間がどれだけ**自然環境に負荷を与えているかを示す指標：エコロジカル・フットプリント**（まさに自然を踏み付けた足跡のこと）**の低い国に高い評点がつく**ようになっている。

人の主観的な幸福感に余命を掛けて得られた値を、エコロジカル・フットプリントの評価で割って算出するのである。これで、**消費される環境資源量当たりの人間の幸福**という効率が導き出され、結果はハッピー・ライフ・イヤーズ（幸福な年数）で表される。

HPIが考案された目的は、国民の生活水準を高めることと、未来の世代がより良い暮らし（持続可能な幸福）ができるよう、環境の限界を超えないことだ。

この指標を出すとき、幸福感の評価にはギャラップワールドポール（世界世論調査）（ギャラップ社は、1930年代から世界規模で先進的な調査・分析を行っている）の〝暮らしの梯子〟と呼ばれる手法が用いられる。

これは、最低を0ポイント、最高を10ポイントとして、被験者に自分の暮らしがどのくらいのレベルであるかを評価してもらい、その時点で梯子の何段目にいるかで表す。余命はUNDPのデータを使用する。

エコロジカル・フットプリントの測定には、WWF（世界自然保護基金）による自然資源消費のデータ（自然が資源を生産し廃棄物を吸収する容量、バイオキャパシティの平均値を持つ1ヘクタールの面積を「gha：グローバル・ヘクタール」といい、国の消費を支えるために必要な土地面積をghaで表した値）を使用する。

より良い暮らし指標（OECD：経済協力開発機構）

各国の暮らしに対する満足度を比較できる指標で、生活の状態と質に関わる基本的な要素であるとOECDが定めた分野での調査結果をベースにしている。分野は11あり、住宅、収入、雇用、共同体、教育、環境、ガバナンス、医療、生活満足度、安全、仕事と生活の両立である。

公正で持続可能な幸福（イタリア国家統計局）

前述のBES（公正で持続可能な幸福）は、幸福に関わる12分野の合計134項目について調査する。

・**健康**：誕生時の平均余命、誕生時の平均健康余命、健康状態指数、精神状態指数、乳児死亡率、交通事故標準化死亡率、腫瘍疾患標準化死亡率、痴呆や神経系疾患に起因する標準化死亡率、65歳以上で日常生活に支障なく暮らせる年数、体重過多、喫煙、飲酒、運動不足、食生活

・**教育・トレーニング**：幼児教育参加率、高校修了率、大学卒業率、教育・育成機関からの中退率、若年層の非就学・非就業率、継続的な育成機関への参加率、読み書き能力水準、数学能力水準、一定のパソコン操作能力、文化活動参加率

・**仕事・ライフバランス**：20～64歳の就業率、非就業率、非正規雇用から正規雇用へ

の移行率、期限付き契約による就労者のうち5年以上の継続就業率、低給与従業員構成比、高学歴就業者構成比、就業者の死亡・重度障害事故数、全就業者に対する不法就労者構成比、未就学の子供がいる25〜49歳の女性の就業率と子供のいない女性の就業率の比較、15〜64歳で本人または家族が週60時間以上労働している就業率、家事労働の不均衡指数、仕事に対する満足度、就業継続に対する不安感

・**経済的幸福度**：1人当たり調整平均可処分所得、可処分所得の不平等指数、相対的貧困リスク指数、1人当たり純資産、家計脆弱さ指数、絶対的貧困指数、深刻な物質的欠乏指数、住宅品質指数、経済的困難に関する主観的評価指数、就業者のいない世帯に暮らす人の比率

・**社会関係**：家族関係にとても満足している人の比率、友人関係にとても満足している人の比率、頼りになる知り合いがいる人の比率、毎日親と遊んでいる3〜10歳の子供の比率、無償で人のためになることをした人の比率、社会活動参加者比率、ボランティア活動経験者比率、何らかの協会への寄付者比率、単位人口当たりのNPO法人存在率、単位人口当たりの社会的協同組合存在率、人に対する一般的な信頼感の有無

・**政策・制度**：選挙の投票率、市民運動または政治活動への参加率、国会に対する信頼度、司法に対する信頼度、政党に対する信頼度、地方行政に対する信頼度、その他

の公的組織に対する信頼度、国会議員の女性率、地方議会議員の女性率、その他公的組織意思決定機関の女性率、上場企業の取締役の女性率、国会議員の平均年齢、民事訴訟手続きに要する日数

・**安全安心**：殺人事件発生率、住宅侵入窃盗事件発生率、スリによる窃盗事件発生率、強盗事件発生率、女性に対する暴力事件発生率、女性に対する性的暴行事件発生率、女性に対する家庭内暴力事件発生率、性的暴行被害に対する不安感、夜間の一人歩きに対する不安感、犯罪被害に遭いそうになった体験に基づく不安感、居住地域に見られる退廃的要素の有無

・**主観的幸福度**：生活に対する満足度、余暇に対する満足度、今後の向上に対する期待度

・**ランドスケープ・文化的遺産**：文化的遺産または施設の有無、地方行政による文化的遺産または施設の運営費の住民1人当たり支出額、違法土木建築行為指数、景観保護地区の都市化指数、スプロール現象による田園地帯の浸食、放置による田園地帯の荒廃、歴史的田園風景の有無、田園地帯の開発計画の質に対する景観保護の観点からの評価、都市部で特に関心の高い歴史的緑地と公園の面積構成比、都市部で使用されている歴史的建造物の比率、居住地域の景観の質に対する不満足度、景観の価値低下

に対する不安感

・**環境**：飲料水の量、沿岸海域の水質、都市部の大気汚染、都市部の緑地面積、水理地質上脆弱な土地の比率、汚染地域面積比率、環境保護地区面積比率、環境保護海域面積比率、特殊な自然環境を有する地区の面積比率、生物多様性消滅に対する不安感、物質廃棄量、再生可能資源によるエネルギー使用率、CO_2および大気汚染ガス排出量）

・**研究開発・イノベーション**：研究開発費率、特許申請傾向、テクノロジー関連職の大卒者構成比、生産性向上のためのイノベーションを導入した企業比率、製品またはサービスにイノベーションを導入した企業比率、高度なテクノロジー分野の労働者比率、インターネット使用度

・**サービスの質**：高齢者・障害者施設の床数、専門治療長期待機者率、乳幼児の公的保育機関利用率、高齢者の在宅完全介護サービス利用率、電力供給の不安定さ、メタンガス供給網内の世帯数、水道供給の不安定さ、都市ゴミのうち処分場への廃棄率、都市ゴミの分別率、刑務所の収容過多指数、通勤など移動時間、都市部の公共交通網充実度、公的サービスへのアクセス指数

Quality of Life

ビッグデータで幸福度の指標はどう変わる？

　というわけで、今見てもらったようなことで、幸福を計測することができる。それにしても、自分や家族の家計簿をつけるのだって面倒なのに、一国の帳簿をつけるとなれば、どれほど大変なことか。

　大変なのは、何よりもまず「いい暮らし」の概念を、明示的にしろ暗示的にしろ、ともかくも定義することから始めなくてはいけないためでもある。

　幸せな生活って何だ？　幸せな生活を表すことができて、しかも計測することができる指標って？

　すごい質問だ。そして、すごい質問にはすごい答えが必要だ。だからといって、本章に「打倒ＧＤＰ」とか「脱成長バンザイ」とかいうフレーズは出てこないので、変な期待はしないように。

　だいたい多様で複雑な現実の世界で、人の生活の質を集約して１つの数値で表せるはずがない。同様に、悪魔呼ばわりされてしかるべき、諸悪の根源を１つの数値で表せるはずもない。ただ、マイナスはプラスではなく、マイナスがプラスであり得ることもない、という算数の原則だけは確かだ。

2008年に、フランスで当時のサルコジ大統領が例のスティグリッツ委員会を立ち上げた。委員として招集されたのは、ノーベル経済学賞受賞者（アマルティア・センやジョセフ・スティグリッツ）を含む偉大な経済学者たちだ。

この委員会で検討されたことなのだが、国家の帳簿をつけるときは、概略ではなく、複雑さが反映されるように可能な限り幅広くアプローチしなくてはいけない。これはGDPが絶対的に重要な、というより必須の指標であることをも意味している。なぜなら、その他の同規模の指標と併せ、GDPは人と社会の幸福を評価する役に立っているからだ。

本章の冒頭で、指標は経済構造と社会構造に影響を及ぼすと述べた。それは、**あらゆる指標や計測が、達成しようとしている目標に影響を与える**という意味だ。ということは、指標とは、物理学者ハイゼンベルクが量子力学の分野で唱えた不確定性原理の社会学バージョンといっていいかもしれない。

つまり、互いに関係のある複数の現象を同時に確定させることはできないので、まず前提を決めておくことが必須なのである。どのように暮らしの質を計測するか、それが後に目的の実現に適した政策や措置を決めるときの基本的な要素であるということだ。

前章でビッグデータについて解説したので、幸福に関する新しい指標と計測方法構築のためのビッグデータ活用例を見ていくことにする。ただ、何度も言うようだが、**新しい指標は国が実施している従来からの指標の代替手段にすべきではないし、できない。**あくまでもプラスアルファのツールとして、国民の幸福に関する政策決定者の目線をより行き届いたものにする選択肢の1つである。

19世紀の終わり頃、偉大なるイギリス人経済学者フランシス・エッジワースは、その著書で想像力豊かに未来を描き出し、〝快楽測定装置〟すなわち、人のその時々の幸福感を計測する仕組みができる可能性について語ったが、今や情報の爆発は、人間の自由やデマなどの社会的制御との葛藤を生んでいる。こうした現実と今後向き合っていくには、当然慎重な対応が必要だ。

だからといって、スマートフォンをはじめとするモバイル機器（普及が拡大し続けている）が幸福度をいつでも計測できるユビキタス・ステーションになり得る事実を否定しても仕方がない。人々の暮らしの質を測るのにビッグデータを見て見ぬふり、なんてナンセンスだ。

だからこそ、圧倒的な魅力に流されることなく、その適性と限界を知って、イノベーションを目指していく。ただし、私たちの歩みを確実に進めていけるよう十分に注意を払うという原則に基づいて。

ここから先は、文献などから私がまったく主観的にピックアップした興味深い例を紹介する。

Wired Next Index

この指標は、ビッグデータ分析などを展開するVOICES from the Blogs（http://voicesfromtheblogs.com/）と、『WIRED』誌のコラボレーションから生まれた。**希望を表す指標**とされ、**希望とは幸福を追求する権利を行使する意志**と解釈されている。

特徴は、「**冷たい**」**データと**「**熱い**」**データの融合**である。

冷たいデータは、公的機関による毎月または四半期ごとの企業数・就業者数・輸出量などの統計をベースにしたデータ。熱いデータはビッグデータ、すなわちリアルタイムのデータ。

これは、位置情報を持つツイートのうち、国の景気回復・個人の生活の向上・国の政策（消費者と企業による一般的な信頼感の指標となる）に関する内容のもの（イタリアではツイート全体の15％に相当）の分析をもとに加工される。

これら2つの異なるタイプのデータを統合したところ、熱いデータは冷たいデータが記録されるよりも先に（10〜18日早く）得られることがわかった。なぜなら、ビッグデータに比べ、伝統的な統計はデータの収集と加工に時間がかかるからである。

この指標を得るため、現状で5000万以上のツイートを分析し、それをVOICES from the Blogsで加工している。そして、『WIRED』誌のサイトで地域ごとの指標を見ることができ、指標の動向に何らかの影響を与えた主な出来事がわかるようになっている。

Track Your Happiness（幸福追跡装置）

自己申告で幸福感を測る従来型の調査の問題点は、自分がどのくらい幸福であるか答える被験者が、そのときに置かれている情況の影響を受けるということだ。単に複数の質問の順番によっても答えが変わってくるし、いつ質問したかによっても結果が異なってしまう。

だが、テクノロジーによってリアルタイムで情報収集できるツールを使い、答えるときの情況という変数の影響を低減できるようになった。

ダニエル・カーネマンが提案した調査手法**DRM**（**The Day Reconstruction Method：一日再現法**）では、一種の〝幸福日記〟のように、被験者は毎日その日にしたことを書き、幸福度も記入する（交際相手や友人といるときに幸福度が高く、仕事をしているときには低いという結果が出た）。

成果が上がったもう1つの手法が**ESM**（**Experience Sampling Method：経験サンプリング法**）だ。この調査のためにスマートフォン用のアプリが開発されていて、回答者となるユーザーにはランダムなタイミングで連絡のサインが届く。サインを受け取ったユーザーは、その時点での幸福度を回答する。

このESMの手法を利用した調査方法にアメリカの心理学者マット・キリングスワースが考案した**Track Your Happiness**がある。このプロジェクトでは、ユーザーは一定回数以上回答すると情況別幸福度の集計データを見られることもあって、世界中から400万以上の回答データが収集された。

回答項目は多岐にわたる。

まず幸福度、それから、どこにいるか、何をしているか、それはしたくてしているのか、義務的にしているのか、どの程度生産性のあることか、どのくらい集中していたか、誰といっしょにいるのか、何人の人といっしょにいるのか、それは仕事の同僚か、友人か、家族か、交際相手か、前の晩はどのくらい寝たか、よく眠れたか。

また、最初に回答するときは、日々どのくらいの頻度で連絡を受けることを希望するか、普段、何時に起きて何時に寝るのかも答えておく。それによって、各ユーザーに連絡する時間帯を特定するためだ。

連絡は、この調査の場合はメールで届く。届いたら（回答にゆがみが出ないように）できる限り早く答えなくてはいけない。回答がなければ、その計測結果は無回答となる。無回答が一定の回数を超えると、そのユーザーの観測データは無効となる。

(Sample) Size Matters

人の行動とその変化を的確に理解するため、さまざまな文化や地域で年齢と性別ごとに、大量の情報を収集しようとしているのが「**(Sample) Size Matters**」、ダン・アリエリーによるアプリだ。これで得られる結果の力強さの源は、まさにサンプル規模の大きさにある。規模が大きいから、人の行動のちょっとした違いなど、少ないサンプル数では気づけないようなことも明らかにできる。

このアプリは、調査に参加するユーザーの善意の労が頼りだ。というのも、ユーザーにはいろいろ面倒な質問やミッションが課せられるのだ。ユーザーは、特定のテーマに関する意見を求められたり、ある実験の結果がどう出るかを予想したりする。富の配分やピア効果など、さまざまなことに関する考えを尋ねられたりもする。

さらには、何らかの出来事を観察するとか、特定の事象を記録するとか、時には他人に何か働きかけをするとか、そういう指示が来て、身近にある情報を収集しなくてはいけないこともある。

アプリをダウンロードすることで、この調査に貢献できる。まずは、性別・年齢・民族・年収・国籍・政治と宗教の指向（ある場合は指向の度合いも）を登録する。アカウントをつくったら、最初のミッションを（きちんと期限を守って）果たして、次の指示を待つ。成し遂げたミッションがどうなったのかはアプリで確認できる。

また、ミッション達成ごとにポイント（アマゾンなどの通販サイトで買い物に使える）がもらえる。ミッションによって実験・調査される行動とは、たとえば、カフェで知らない人にコーヒーをおごり、その人との関係性はどうだったか、といったことだ。

こうした種類の行動で、アプリと幸福の経済学が結びつけられる。今の例では、コーヒーをおごるという親切とそれが人の幸福に与える影響がテーマで、アプリを通じて関係性が評価される。そして、世界中から情報が収集され、蓄積されていく。

また、ミッションを果たしたときのデバイスの位置情報と時間の自動記録システムがあるので、そのときの気象条件が人の気分と行動に与える影響という重要な変数もチェックできる。

調査結果のデータベースは定期的に更新されていて、これもユーザーの関心を高め、積極的に参加してもらう刺激になっている。

Mappiness

ロンドン・スクール・オブ・エコノミクス・アンド・ポリティカル・サイエンス（LSE、ロンドン大学）が実現したアプリで、その目的は周囲の環境と人の心的状態の関係を見極めることだ。だから当然、質問に答えるユーザーの位置情報を活用し、気温・湿度・大気汚染といった気象に関するデータを収集している。

アプリをダウンロードすることで、このプロジェクトに参加できる。登録すると毎日1回以上連絡が来て、そのときの気分（幸せか、リラックスしているか、緊張しているか）とその他のファクターを尋ねられる。誰といるのか、どこにいるのか、何をしているのか（屋外にいるなら写真を撮って送ってもいい）といったことだ。

データは、ＧＰＳによるおおよその位置情報と騒音レベル（スマートフォンのマイクで録音する）とともに、匿名化されたファイルで送信される。またサイトでは、イギリス全体とロンドンでの幸福度の平均値を表した図表を見ることができる。情報はリアルタイムで更新され、計測期間全体での平均値と比較できるようになっている。

Hedonometer（幸福測定計）

先にフランシス・エッジワースが描いた夢について述べた。本章の締めくくりとして、バーモント大学教授ピーター・ドッズとその研究チームによるプロジェクトを検証する。その名も幸福測定計（Hedonometer）。

これは、アメリカで日々アップされる数百万のツイートを収集・分析することで幸福度をリアルタイムで計測し、一種の幸福度バロメーターとして機能する。まさに、アメリカ社会の心的状態を測定しているのだ。

ツイートの分析には、アマゾンが提供する**メカニカルターク**（**Mechanical Turk**）というサービスを利用している。これにより、ユーザーたちが1万語の英単語リストから各単語の印象に評点をつけ、各単語について人間が下した評価の平均を割り出す。それをもとに、ツイートを幸福度ごとに分類するのである。

この手法の特長は、ビッグデータの力と人間によるコーディングの豊かさを組み合わせることにある。つまり、人がインターネット上にアップした感情の計測を、血も涙もないアルゴリズムだけに任せるのではなく、多くの人の分析に委ねているということだ。ただ、当然のことながら問題も多く、研究チームもそれを黙って見過ごしてはいない。サンプルの代表性、あるいは言葉や文章に含まれる感情を数値で分類する難しさなどは、今後の課題である。

人がその時々に感じる幸福を測る技術的装置をつくり上げること。かつてエッジワースは、その夢を前に立ち止まった。そして今、問題は「夢は実現したものの、その装置は幸福に点数をつけるツールとして十分なものであるか」ということだ。
これに対するいちばんの答えは、もしかしたら詩人ジャック・プレヴェールのこんな皮肉な言葉なのではないか。結局は、幸せな生活って何だ、という質問に戻ってくるのだから。

「幸せになろうとしたほうがいい、せめて手本を示すためだけでも…」(http://hitsujiji.tida.net/e3996528.html)

第8章

デジタル革命が大学と教育を変える

Education

Education

これからの教育を変える「MOOC」

2012年、『ニューヨーク・タイムズ』誌に「MOOC元年」と題された記事が掲載され話題になった。教育分野におけるまさに革命。これもまた破壊的イノベーションの1つに数えられてしかるべき事象である。

MOOCとは、**Massive Open Online Courses**（**大規模公開オンライン講座**）の略で、大学または高等教育レベルのデジタル教育をコンテンツとするプラットフォームだ。その基本的な特徴は4つ。

・コースまたは講座は、インターネットに接続可能なあらゆるデバイスで視聴できなくてはならない。

・MOOCへのアクセスは自由で、しかも無料でなくてはならない。登録費もかからない。講座を提供する特定の大学に学生登録されることはなく、企業のイントラネットに接続されることもない。

・コースは、具体的な学習テーマを持った教育プログラム、またはコンテンツで構成されていなくてはならない。
・コースまたはコンテンツのプラットフォームとインフラは、大規模ユーザー群が使用できるようにつくられなくてはならない。

MOOCの話題になると、いつも最初のケースとして取り上げられる事例がある。それは2011年にアメリカでセバスチャン・スランとピーター・ノーヴィグという2人の科学者がスタンフォード大学の無料講座「Introduction to Artificial Intelligence（人工知能入門）」を公開したときのこと、なんと16万人という桁外れの数のユーザーが集まったのだ。「大規模ユーザー群の使用」の「大規模ユーザー群」とは、そのぐらいの数だ。

スタンフォード大学では、その後の2012年、コンピューターサイエンス教授アンドリュー・ウとダフニー・コラーによって、Coursera（コーセラ）というMOOCが創立され、世界中の多くの大学と協力し、それらの大学のコースのいくつかを無償でオンライン上に提供している。

さて、MOOCには、シラバスと修了期限が定められ、受講スケジュールが組まれているタイプと、期間の制限なしに授業を受けられるタイプがある。

一般的に、コースは3分から25分程度の映像授業のシリーズで構成されていて、登録したユーザーは自由にダウンロードし、何度でも好きなだけ見ることができる。

また、どれだけ学んだかを確認するため、1週間ごとに課題が出される。それは選択問題の小試験のときもあれば、短いレポートのときもあり、クイズなどの変わった形式の場合もある。

1クラスに何万人も学生がいるので、当然、時間の問題で、採点や添削を大学教授やその研究室のスタッフにしてもらうわけにはいかない。したがってMOOCでは、ピア・ツー・ピアのメカニズムの相互評価を導入している。ユーザーは、同じコースを受講するほかのユーザーの答案を添削し、同時に自分の答案も自己採点する。これも一種の共有のメカニズムで、コースの成功に関わる大切な要素の1つだ。

教育という観点でこのメソッドの真に革命的な点は、ツール自体の特徴にある。

毎週担当教授がアップする映像をベースとしつつも、いわゆるflipped classroom（反転授業）のモデルになっているのだ。つまり、**講義の主体は、1人で映像をダウンロードして視聴する生徒の側**なのである。教室で課題をこなすとか、クラスメイトと比較するとかいったことは言わば後回しで、プラットフォーム上に別にフォーラムがつくられたり、教授またはそのチームがハングアウト（コミュニケーションツール）を用意したりする。

ただ、学習するうえで相互影響は大切なので、前述のCourseraでは最近になって、生徒の位置情報を活用したグループ作業という新たな企画を立ち上げた。

たとえば、あなたがハーバード大学のコンピューターサイエンスのコースで学んでいるとする。そして、あるプログラミングの課題に取り組むため、同じことを勉強している誰か、たとえばミラノ在住の人と協力したいと思う。そんなことは簡単。専用の機能があって、いっしょに作業するダイナミックなグループをつくれるのだ。

前述のように、シラバスと修了試験があるコースだけではなく、アダプティブ・ラーニングと呼ばれるタイプのプラットフォームもある。このタイプは、提供されているコンテンツをユーザーが利用していくうちに、**データマイニング技術によって教育課程が個々人の特徴や能力に合うよう最適化されていく**システムになっている。

そして、**ゲーミフィケーションは、MOOCのキーワードの1つ**だ。ペイパルやテスラやスペースXの生みの親である実業家イーロン・マスクが言っているように、**教育システムの成功は、学びをゲームにできるか、どれだけ楽しいものにできるかによって決まる。**

代表的なMOOCであるカーンアカデミー（後述）とデュオリンゴでは特にその特徴が顕著だ。

バッジ、仲間との対戦、ポイントランキングなど、勉強をゲームのような競争にする仕組みをすべて導入していて、それがモチベーションアップの重要な役割を果たしている。

Education

MOOCはビジネスとしても成り立つか？

MOOCでキーとなる問題の1つに、**オンラインで学んだことが労働市場で評価されるか**ということがある。現状で、MOOCは修了証を発行しているので、修了者はLinkedInのプロフィールにその旨を記載したりしているが、公的信用という価値はない。

そこで、Courseraでは Signature Track（シグネチャー・トラック）というサービスをつくり、コースによって80〜300ドルの料金を払うと大学による公的な修了証を受け取れるようにした。最近では、専門課程でも同じサービスを開始している。

これにより、一定のコースのパッケージをすべて受講すると、一種のミニ大学卒業証書が付与され、真の学歴として通用するようになった。ほかに、同様のサービスを開始しているMOOCもある。

そして、いちばんの問題。それは、運営企業のビジネスモデルだ。**ユーザーが大部分のコンテンツを無料で使用できるなら、いったいどうやって利益を得るのか？** 実はまだ模索中で、この業種の今後の発展はまったく不透明なのだ。

こうしたなかCourseraは、Signature Trackの証明書発行料で売上100万ドルまで到達した。これはこれで、今後も期待が持てそうだ。また、出版社と提携し、コース受講に関連する教材や書籍を販売する方法もある（継続的に著作権使用料を得られる）。

また、Courseraと後述するedXは、世界中の大学と提携し、大学がインターネット通信教育コースを実現・運営するための技術サポートをすることで、大学の収入の6〜15%

（粗利の20％）を得ている。

ここで驚きの数字を少し。2012年、Coursera は誕生からわずか半年程度で登録ユーザー数が170万人になった。それが2014年8月には900万人にまで増大、提供するコースの数は450、協力する大学数は80校以上（これがコースの知的品質の源だ）となった。

edX は、ハーバード大学とマサチューセッツ工科大学の提携によるプロジェクトとして創設され、両大学が合計6000万ドルを出資した。また、ビル&メリンダ・ゲイツ財団も出資（100万ドル）している。

このプロジェクトには現在50の大学がコンソーシアムとして参加し、英語だけではなく中国語・フランス語・スペイン語などによる計215コースが公開されていて、登録ユーザー数は2014年7月末時点で250万人に達していた。

また、大学のコンソーシアムは Google を含む複数の企業と協力して、MOOC開校のためのプラットフォーム「Open edX」のオープンソースバージョンを開発した。これは、誰でも（大学はもちろん、個人や企業も）edX 自体とは関係なく自由にダウンロードし、インストールし、使用できる。

そして、カーンアカデミーの話。後にカーンアカデミーとなる種は2004年に生まれた。サルマン・カーンは、マサチューセッツ工科大学とハーバード大学を卒業後、いわゆるヘッジファンドの分野で働いていたが、従妹のナディアの補習のために数学の映像教材をつくっていた。

短い映像だが、電子黒板に計算式や解き方を示し、カーン自身が問題のポイントとアプローチの仕方を解説する。それも、わかりやすい言葉で親しみやすく、すっきり理解できるようになっている。映像がたくさんできたので、試しにYouTubeで公開したところ、とても好評だった。そこでカーンは、金融関係の仕事を辞めて非営利団体を立ち上げ、映像授業のプロジェクトを発展させることにしたのだった。

カーンアカデミーは、ここ数年でビル&メリンダ・ゲイツ財団のほか、ブラジルのレマン財団やメキシコのカルロス・スリム財団、Googleからも寄付を受けている。

また、ウィキペディアのように、世界中でユーザーの寄付を募るキャンペーンも実施した。カーンアカデミーの映像授業の視聴回数は実に延べ4億7800万回に上り、その成功には目をみはるものがある。

Education

生涯学習、人口増加……これからの課題にMOOCは対応できるか？

MOOCが抱えるもう1つの大きな問題が、**受講を途中でやめてしまう離脱**（ドロップアウト）率の高さだ。

現状でコースを修了する人の割合は5〜9％程度。それどころか、登録した人が1回目の授業を視聴する割合が50〜60％、このうち1回目の試験またはクイズ形式の課題を終える人の割合が20％である。とはいえ、ここまでくれば固定ユーザーとなり、その後コース終了まで続ける人は50％いる。

今やMOOCにはこれほど高いポテンシャルがあるというのに、Courseraや edXの利用者の大部分はアメリカやヨーロッパ諸国など、OECD加盟国の人たち（全体の80％以上にもなる）だ。つまり、生徒のほとんどがすでに教育を受けていて、大学卒業者も多く、好きで勉強していることになる。この事実が示しているのは、そう遠くない未来に起こり得る教育革命のちょっとしたポイントだ。そう、キーワードは、生涯学習、継続的な学習・育成である。

ところで、人口統計によれば、世界の人口の約30%が15歳未満だ。また、現状で大学に登録している人は1億6500万人。そしてユネスコ（UNESCO：国際連合教育科学文化機関）は、2025年に2億6300万人が大学に通う未来を描いている。これはどういうことかというと、今後、新たに9800万人の大学入学希望者が何らかの形で満たされなくてはならない。

だが、もしも従来型の大学施設で受け入れようとすれば、今後毎週3校ずつのペースで大規模大学（たとえば学生数6万人くらいの大学。ちなみに国立ミラノ大学の学生数は〝たった〟4万人）が開設されなくてはならない。

さらに、本書の冒頭に記した労働市場のドラスティックな変化という問題がある。現状の労働環境に自動化の進展が及ぼす作用として、どのようなことが想定されるか。まず、いちばん自然に考えられるのは、15〜24歳ではない年齢層の人たちによる学習需要が生まれることだ。これで、需要の構造が大きく変化する。また、人の移動に関する問題もある。外国で勉強（大学と大学院博士課程まで）した人は、2000年に200万人だったが、201

2年には倍増している。

需要も市場も環境も根底から変化していくシナリオに、どのように向き合っていけばいいのか。怒涛のように押し寄せる変化への圧力の中で、それを受け止めるインフラを整備できるのだろうか。

ぐずぐずしている暇はない。なすべきは大いなる挑戦だ。現状が根底から覆るような変革を前に、戦略的準備が不可避なのである。今にふさわしい今を実現するのは今しかない。

訳注　「Coursera（コーセラ）」「edX（エデックス）」への登録者数合計は、2015年末時点ですでに世界で3500万人以上。日本でも、東京大学が日本初の試みとして、2013年9月よりCourseraで2コースを提供して以降、2016年12月現在で全10コース（Coursera 6コース、edX 4コース）を提供。登録者数は、世界185カ国以上から累計32万人を超える規模となっている。

第9章

超接続社会におけるネットワーク

Network

２００３年３月20日、アメリカはその後延々と続くことになるイラク侵攻を開始、そのわずか数カ月後にサダム・フセインの拘束に至った。当時、イラクのお尋ね者トランプなるものを何度もテレビのニュースで見た。覚えている人も多いだろう。アメリカ軍が作ったそのトランプのカードにはフセイン政権の重要人物の名前と写真が載っていて、スペードのエースがサダム・フセインだった。

これが本章のテーマであるネットワークサイエンスの力、なんなら威力と言ってもいい、それを応用した最初期の事例の１つである。

私たちは、社会的ネットワークから生物学上のネットワークまで、多様なネットワークの海の中にいる。そして今、コンピューターの容量とデータ処理能力の向上もあって、ネットワークに関する研究は、その複雑さの理解に役立つだけではなく、さまざまな科学分野で不可欠なものとなった。

Network

ＳＮＳ時代、ネットワークサイエンスの重要性が高まっている

フセインのことに話を戻すと、イラク侵攻開始当初、アメリカの特殊部隊は従来と同じ方法でイラクの政権組織に迫ろうとしていた。つまり、イラク政府とイラク軍の中でフセインに近い人たちをたどって、フセインを見つけ出そうとしたわけだ。しかし、その作戦では、多大な労力を払ったにもかかわらず、そのトランプに描かれている人物を含む55人のうち、複数の最重要人物が見つからなかったのである。

情況が変わったのは、ジェームズ・ヒッキー大佐が自身の見識と勘を信じて、作戦の変更を決めてからだった。ヒッキー大佐は信頼する2人の仲間に、フセインとフセインに近しい人々の社会的ネットワークを図に描いて見直すよう依頼した。親戚や使用人も含め、フセイン家とおおむね親密な関係にある人たちのつながりを描いていくのだ。

この仕事を依頼された2人とは、スティーブ・ラッセル中佐とブライアン・リードである。ブライアン・リードはウエストポイントの陸軍士官学校で学んだ人で、この任務の責任者となった。

2人は、見直す範囲をフセイン家以外にも広げた。イラク人脈台帳作成とも言うべき作業だ。誰が誰とつながっているのか、どの関係からどうつながっているのか。だが、イラク政権の重要人物一人一人について人間関係をマッピングするのは、とても困難だった。

天の助けは突然訪れる。爆撃のさなか、フセイン家の写真が多数載っているアルバムが見つかったのだ。これにより、フセインの社会的ネットワーク図の細部を埋めることができた。こうして、従来とは異なるアプローチで分析した結果、フセインの社会的ネットワークの中でキーとなる2人の人物を特定した。それは、フセインの運転手と料理人。フセインを取り巻く人物のうち、まさかそこが急所になるとは見なされていなかった。しかし、その2人を拘束すれば、容易にフセインを見つけられそうだった。

結局、片方は侵攻開始当初の爆撃ですでに死亡していたが、もう片方を拘束すると、あっという間にスペードのエース、サダム・フセインが潜んでいたティクリート近郊の隠れ家にたどり着くことができた。

これが、**ネットワークサイエンス**の最初期の事例だった。ネットワークサイエンスとは、ネットワークの構造と力学を解明しようとする研究である。これがさまざまな科学分野で基本的な分析ツールとなりつつある。フセインの事例から、ネットワーク分析に関するいくつかの基本的な特徴がわかる。それは、どのような種類のネットワークに関してもいえることだ。以下にまとめる。

・ネットワークの予想能力

ネットワークの構造がわかると、その事象の進展を予想したり、ネットワーク内の力関係について妥当性のあるシナリオを描いたりできるようになる。

・ネットワークの安定性

フセインのケースでも、アメリカの侵攻開始前からの人的つながりが固く継続していたことが確認されている。だからこそ、人間関係を知ることで、アメリカ軍の特殊部隊は独裁者の砦に侵入する鍵を見つけることができたのだった。

・人間関係を効果的にマッピングする必要性

フセインのケースで言えば、フセインを中心に、誰と誰がどのようにつながり、人間関係が拡がっているかをマッピングしていくと、人間関係がひと目でわかる。

・着目すべきネットワークの選別の重要性

これもフセインのケースで言えば、軍や政権の幹部も1つのネットワークを構成していたが、それはフセイン拘束を可能にする人物にはつながらず、戦略に貢献するネットワークではなかった。

近年、ネットワークサイエンスの重要性が高まっている。軍事利用に関しては、アメリカで国防総省が2010年に3億ドルの研究予算を投じているし、ウエストポイントの陸軍士官学校では大学による学習プログラムが組まれている。

ネットワーク分析は、複数の分野を橋渡しする役割を果たす。ただ、それにはさまざまな知見が必要だ。互いに作用し合う要素を持つ複雑なネットワークの構造について研究するには、コンピューターサイエンスと数学の特殊技能が要る。

また、ゲーム理論を用いて、互いに関係し合う人々の戦略的行動を研究する経済学のモデルも使用する。社会学からは、社会集団の分析にフレームワーク理論を借用する。こうしたことから、ネットワーク・アナリストという職種も生まれた。

今述べたような技能を備え、研究の中で新たに必要となる知見は創造されていく。というのも、今のSNS時代、互いにつながっていく人々の数の増加に伴って、ネットワーク自体の複雑さが急激に増しているからだ。

接続性、すなわちつながっていること。これが今の社会の基本的な要素になっている。

Network

さまざまなネットワークとその共通性

ネットワークを構成する一つ一つの点を**ノード**と呼ぶが、その相互依存から生まれる特筆すべき特徴がある。ネットワークの脆弱性だ。そこには、ノード間の伝達のメカニズムが関わっている。分野にもよるが、cascading failure（連鎖的故障）と呼ばれる現象がある。たとえば、電力のネットワーク、あるいはWorld Wide Web、いわゆるインターネットで、ノードが1つ抜け落ちると、ネットワークシステム全体に過大な負荷がかかる。たいていはネットワーク内のほかの構成要素群で負荷を吸収できるのだが、それがうまくいかないこともある。するとドミノ効果で、電力の場合は復旧困難な大規模停電が起き、インターネットの場合はサーバーがパンクしてサイトがダウンする。

同様のメカニズムは社会的なネットワークにもある。それが情報カスケードで、この問題に関しては第5章でヘイトスピーチや陰謀説の蔓延について述べた。ある意味、2008年に始まった金融危機もネットワーク分析による検証が可能だ。銀行や証券会社がノードで、そのマクロ構造が金融システム全体の流動性を支える役割を果たしている。
ネットワークの特徴と各ノードの重要性やポジションを研究することで、将来的には金融システムのひび割れに素早く介入し、全般的な危機を防ぐことができるようになるかもしれない。

ここで、もう一歩踏み込んで考えてみる。現にネットワークにはさまざまな種類があって、それぞれに特徴があるからだ。

・生物学上のネットワーク
遺伝子・タンパク質・代謝物のネットワークで、細胞の寿命に関わる相互関係がある。

・神経ネットワーク
人間の脳内のニューロン(神経細胞)による無数の接続関係からできている。

・人間関係のネットワーク
友人・職場・家族など、社会を構築するネットワークだ。

・テレコミュニケーションのネットワーク
パソコン・タブレット・スマートフォンといったデバイスがつながっているコミュニケ

ーションのネットワーク。

・**電力ネットワークと送電ネットワーク**
電力エネルギーの発電・送電・配電を担うネットワーク。

これらに加え、**マクロ経済レベルの商業ネットワークもあり、経済的対価交換の相手や関係を見極め、一国の輸出入バランス構造の把握にも役立っている。**

そして前述のとおり、これらのネットワークにそれぞれ独自の特徴がある。もちろん、細胞やニューロンのネットワークの研究は、人の行動選択のメカニズムが中心的な役割を果たす人間関係の力学の分析とは根本的に異なる。当然だ。属性がまったく違うものなのだから。とはいえ、その本質的な違いを別にすれば、**ネットワークの発生と進展にはいくつかの共通したパターンが見られ、基本的な法則と再現可能なメカニズムがある。**

たとえば、ある社会的ネットワークの中で、ある行動が支配的な状態になることがある。それに抵抗しようとする格別の意志、あるいは自分のしている行動をそのまま続けようとする意志がある場合は別として、**ネットワーク内の人が同じ行動をとるようになる**のだ。

模倣が当然の状態になるということだが、これにはいくつか理由がある。たとえば、私の知り合いの多くがある動画をYouTubeで見ているとする。すると、その情報が私に伝わってくる。このとき、この情報には潜在的にそのビデオの品質を表す力があり、結果として私に同様の行動をとるように、この例ではYouTubeでその動画を見るように促す刺激になる。

また、ネットワークの総合的なシステムの中で、**単に自分の行動を人に合わせることが利益となり、模倣行為が生まれる**こともある。

社会的ネットワークとしてのSNSは、ユーザーになるとほかのユーザーと交流したり、何らかのコンテンツにアクセスしたり共有したりといったことが容易になるので、それが価値となってネットワークの規模拡大につながっている。

ということは、明らかに**SNSであること自体の価値がユーザー数の増加に寄与する**という内因性のメカニズムがある。その意味で言うと、YouTubeの成功は、YouTubeが提供しているサービスの品質から切り離してとらえることができる（これはフェイスブックやほかのSNSのプラットフォームでも同じ）。ある意味、惰性の力によるself-reinforcing（自己強化）の力学の恩恵を受けているということだ。

ここでちょっと想像してみてほしい。愛し合っているカップルが、とある芸術的な街にお出掛けし、ロマンチックな週末を過ごすことにした。そしてお昼時、どこで食事をするか決める。ちょうど目の前にレストランが2軒ある。どちらでもいいと、たまたま目に付いたほうに入る。

そのすぐ後、たまたまその街に来ていた別のカップルも、やはり食事をする店を決めなくてはいけない。このとき、このカップルは先程のカップルよりも、ちょっとした情報を1つ多く得る。なぜなら、目の前の2軒のレストランのうち、片方には1組のカップルがいるからだ。そこで後から来たカップルは、おいしいから人がいるのだろうと推察し、同じレストランを選択して中に入る。

さらに3組目のカップルが来る。目の前には2軒のレストラン、一方は席が埋まりつつあり、他方は無人。このカップルも人が入っていることがおいしいサインだと思って、同じレストランに入る。そしてまた……と続く。

レストランの選択の基本的な要素は、料理がおいしいかどうかだろう。だがここでは、事実とは関係なく、おいしいかのような情報が伝わっていく。これも小さな情報カスケードとその効果である。

Network

強いつながりと弱いつながり

ネットワークの特徴とその構造を探る研究とはどのようなものなのだろう。ちょっと覗いてみるだけでもおもしろいし、何かの役には立つかもしれない。実際にマッピングして各ノードのポジションがわかると、いろいろ役立つヒントを得られるのだ。

まずは、基本となる2つのコンセプト。強いつながりと弱いつながりだ。強いつながりは、ある同一ユニットの中にある2つのノードを結び付けるつながりである（たとえば、同じ職場のメンバー同士とか、上司と部下とか）。逆に弱いつながりは、かけ離れたところにあるノードの結び付きで、こうしたノードは弱いつながりすらなければネットワークから外れてしまう。

次の2つの図を見てほしい。

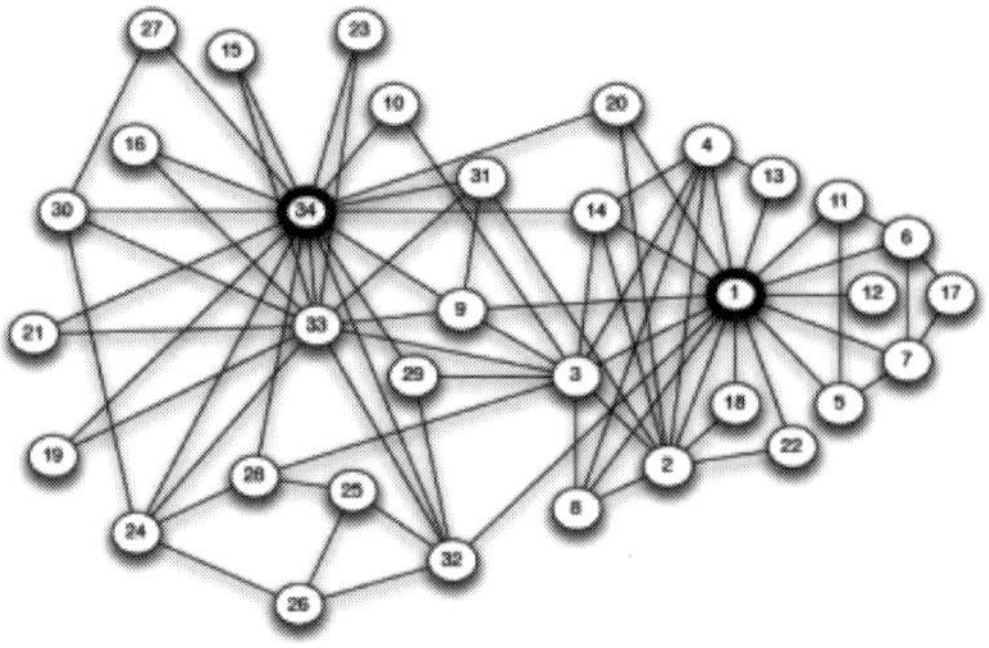

図9.1　2つの空手クラブの社会的ネットワーク

(出典:『ネットワーク・大衆・マーケットー現代社会の複雑な連結性についての推論ー』David Easley、Jon Kleinberg著、浅野孝夫・浅野泰仁訳、共立出版、2013年)

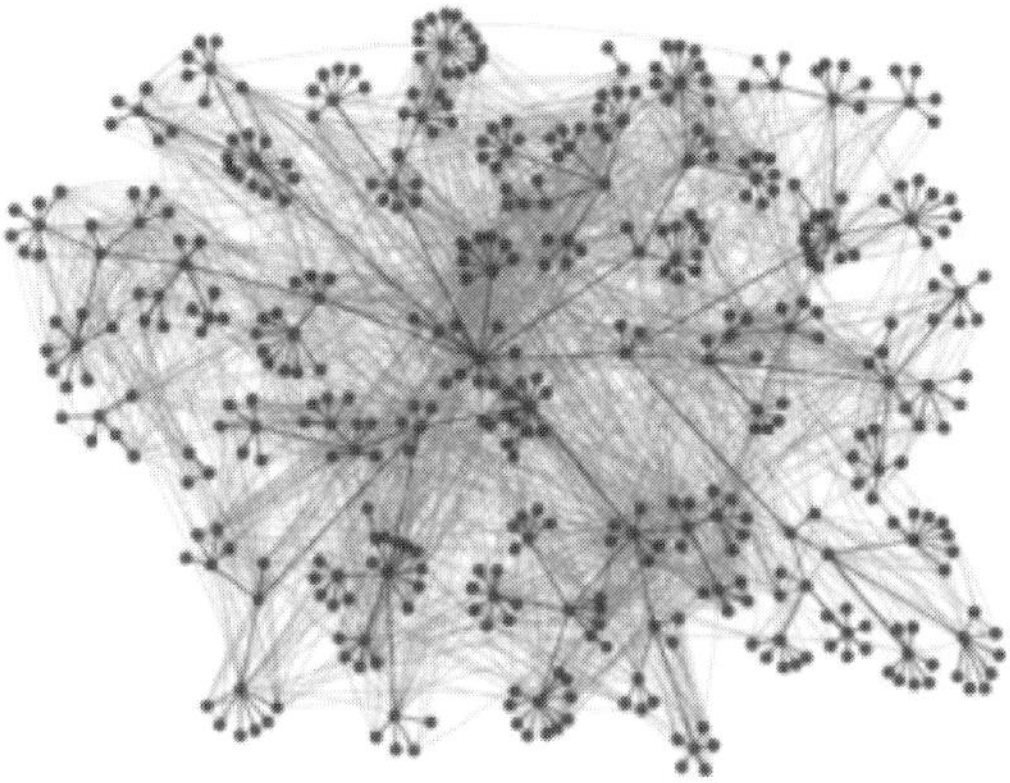

図9.2　Hewlett Packard Research Labの従業員436名によるeメール送受信のマップ

(出典:『ネットワーク・大衆・マーケットー現代社会の複雑な連結性についての推論ー』David Easley、Jon Kleinberg著、浅野孝夫・浅野泰仁訳、共立出版、2013年)

図9・1は2つの空手クラブの人間関係をマッピングしたもので、1970年代に作られた図の転載だ。ノードの1と34が中心的ノードで、それぞれのネットワークがある。実はこのうち片方が最初のクラブの創設者で、もう片方はもともとその人の弟子だったが、後に自分のクラブを立ち上げた人だ。説明に1980年代の懐かしの映画『ベスト・キッド』を持ち出すまでもないだろう。

この図から一目でわかる特徴がある。2つの中心的ノードが直接つながっていないのだ。社会的ネットワークの力学の視点では、これは2人の間に何らかの対立があることを思わせる強力なサインだ。もしかしたら、『ベスト・キッド』のミヤギ先生とコブラ会のような状態かもしれない。

一方、図9・2は会社内でのメールのやり取りの回数を重ね書きして表したものだ。この図の場合も、ネットワークが複数のユニットに分かれていることが見てとれる。ネットワーク分析によって弱いつながりを特定することで、たとえば情報をより速く伝達するための最短ルートを割り出したりできる。

こうしたことから、社会的ネットワーク分析は、企業などのマネジメントの分野で、リーダーシップの新しいモデルを描くためにも利用されるようになってきている。

Network

フェイスブック時代における ソーシャルネットワークの検証

フェイスブックは今や世界で16億人のユーザー数を誇り（訳注：2017年末現在は20億人）、その60％以上が少なくとも1日1度は何かしら投稿している。かつては想像すらできなかったほど巨大な社会的ネットワークだ（しかもいまだに拡大し続けている）。そのため、フェイスブック社自体の思惑を超えて、社会的研究のための巨大な生きた実験室のような存在になっている。

2014年のバレンタインデーの週に、フェイスブックのデータサイエンスセンターは、ユーザーを対象に行った分析結果を毎日公表した。テーマは、人生になくてはならないもの、愛だ。

SNSでは、ユーザーが日々自発的にさまざまなことを投稿し、ユーザー間で相互交流している。無限の情報が湧く泉なのだ。研究者はそこから、性別・年齢・職業・居住地・

出身地ごとに多層化したサンプル群を得ることができる。これを活用し、フェイスブックは、愛をテーマとして具体的に何をどのように分析したのか。

最初に、人が恋に落ち、そして、つき合い始める行動の中にある規則性をユーザー間の接触の様子から見出そうとした。次のグラフは、ユーザーがフェイスブック上で「パートナーなし」の状態から「パートナーあり」の状態に移行したときの行動の変化を調べた結果だ。

これを見ると、のちに交際するユーザー間のやり取りは、交際が始まる100日前から増加していき、交際を公表する12日前の投稿数が1・67でピークとなる。そして交際し始めると、求愛の儀式が終結するためなのか、接触がペースダウンし、双方の投稿が減少する。

同様のメカニズムを検証したのがバレンタインの話。フェイスブックの研究者たちはバレンタイン後の週末に交際を終える人がいると予想し、プロフィールの情報を「パートナーなし」にするユーザーはいないかと目を光らせていた。結果をグラフにすると、はっきりした行動のパターンがあることがわかる。

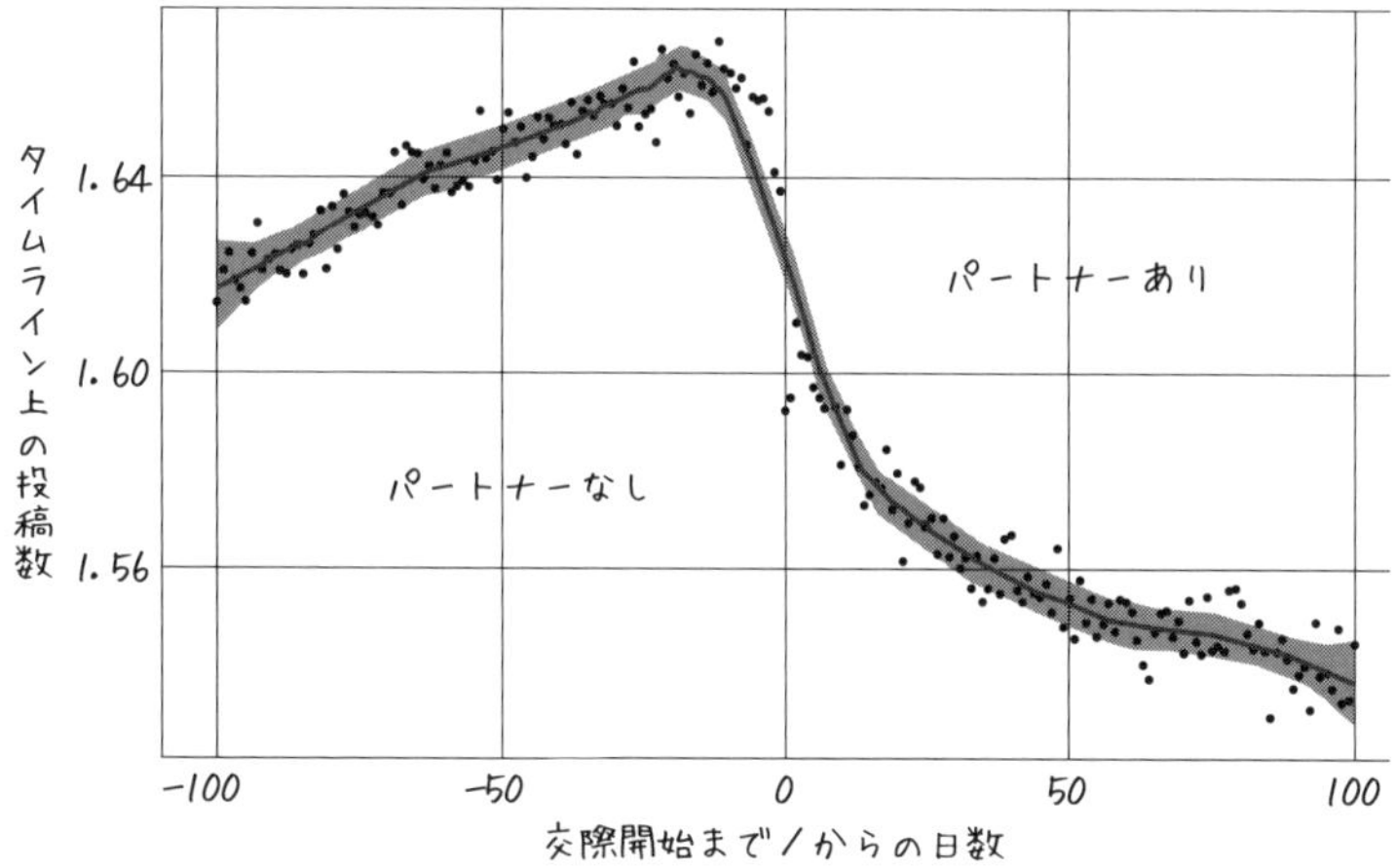

図9.3 「パートナーなし」から「パートナーあり」への変化前後のフェイスブック上の動向

（出典：データサイエンスセンター）

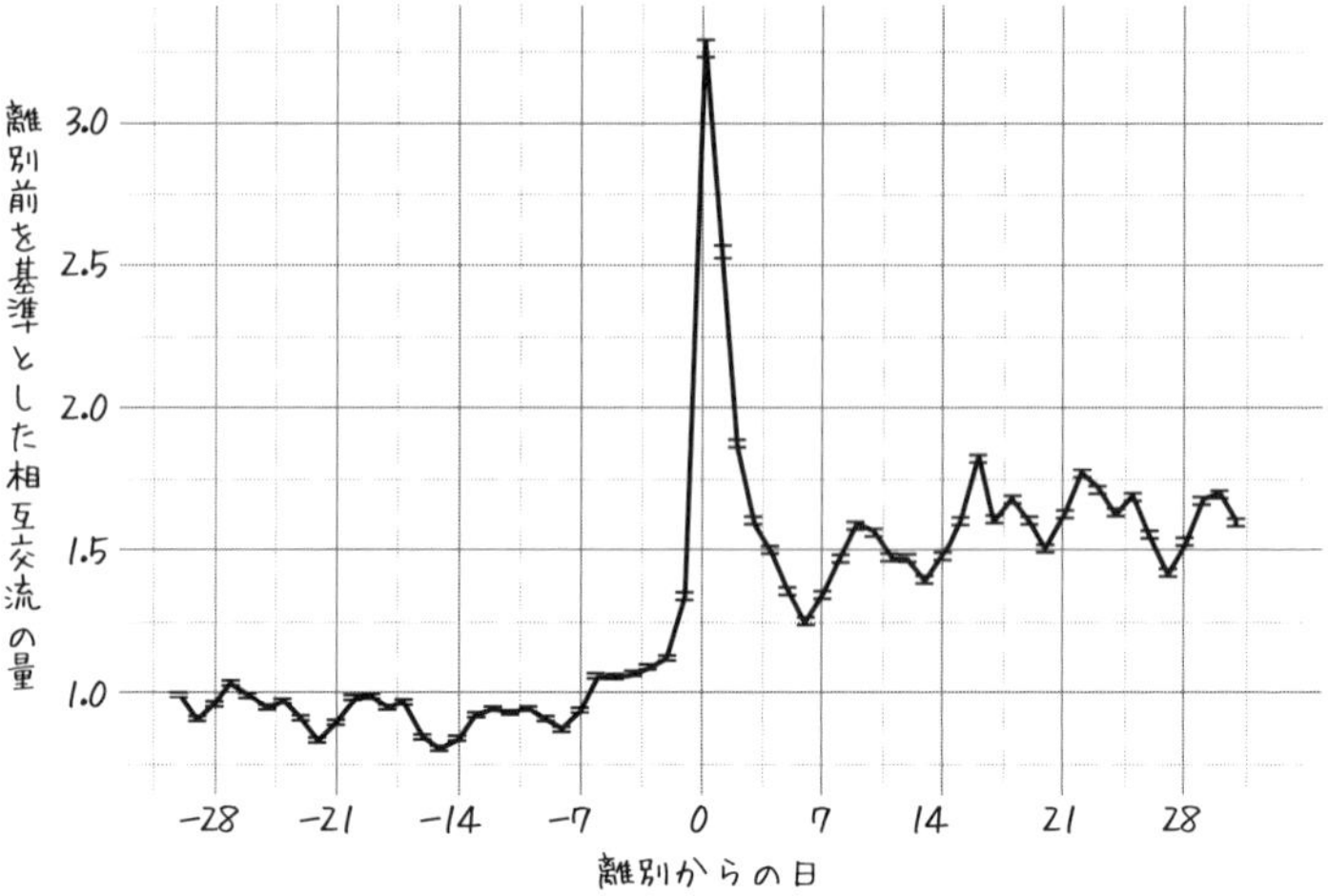

図9.4　交際終了後のフェイスブック上での相互交流

(出典:データサイエンスセンター)

これを見ると、まさに恋人と別れたことを公表した日に、各自のネットワーク内で接触がピーク（普段の225%増）になっている。それはお悔やみの儀式のようなものなのだろう。友だちや身内、あるいは似たような境遇の人たちが、愛に傷ついた気の毒な人を慰めにこのバーチャルの広場に集まってくる。また、**交際が終わった後で基礎的交流量が増加している**こともわかる。人は、デジタルの世界でも誰かの胸を借りて泣きたいものなのだ。

また、最近、ケンブリッジ大学とスタンフォード大学が高名な『PNAS（米国科学アカデミー紀要）』誌（http://www.pnas.org/content/112/4/1036.abstract）に発表した研究で、とても興味深い結果が出ている。それは、**SNSから得られる情報を利用すれば、友だちや家族よりもアルゴリズム（つまりは機械）のほうが、個人の人柄をよく把握できる**というのだ。

ということは、天才数学者アラン・チューリングの夢が、地元ケンブリッジ大学で遠からず実現しそうにもみえる。ともあれ、その研究には、フェイスブックユーザー8万6000人が被験者としてボランティアで参加し、自分の性格に関するアンケートに答えるとともに、何に「いいね！」を押しているかに調査者がアクセスすることを認めた。

また、被験者のうち1万7000人以上については、その友だちまたは家族の1人が被験者の性格を評価する質問に答えた。別の1万4000人は、被験者に接する2人が同様の評価をした。

一方、コンピューターは、さまざまな投稿に寄せられた「いいね！」をもとに被験者の性格を導き出した。これらを比較したところ、人間よりも機械による評価のほうが正確だったという。

人の恋愛に関することや性格を推測するために、事象を予測するタイプのアルゴリズムを使用すること。それは当然のことながら、テクノロジーの新たな可能性を示している。しかし、また当然のことながら、**超えてはいけない一線があるのではないか**、慎重にアプローチすべきではないか、という疑問も湧いてくる。

あらゆる大きなイノベーションで同様のことが起きるのだが、この研究は容認される域をはじめて超えてしまった例、これまで誰も実験したことがない領域に踏み込んでしまった例であるようだ。

ここで、近年行われた別の2つの実験の例を紹介する。それは、データ使用の独創性の面でも、その後騒動になった倫理上の問題という観点からも、学術界を文字どおり仰天させた研究である。

Network

フェイスブックを用いて行われた社会実験の衝撃

まず先に紹介するのは、コーネル大学の研究者らがフェイスブックのユーザー68万9003人（従来の研究実験では想定できなかった数字である）を対象に実施した調査だ。これも、『PNAS』誌に発表された。調査にあたり、これらの人々は無作為に均一な3つのグループに分類された（本書の冒頭で解説したとおり、誰がどのグループに入るかは被験者の特徴に一切関係なく、まったく偶然でどれかに入れられるということ）。

1番目のグループでは、1週間にわたりフェイスブックのニュースフィードにポジティブな感情を想起するような投稿ばかりが表示されるようにした。2番目のグループでは逆に、同じ期間ネガティブな内容の投稿ばかりが表示されるようにした。3番目のグループは観察対象として、何ら特別の処置を講じなかった。

こうして調査のために、投稿に含まれる言葉を丁寧に選別（センチメント分析という技術を用いる）し、ニュースフィードに投稿を配置するアルゴリズムが何も知らないユーザーの環境を操作していたのだ。

すると、興味深くもあり、薄気味悪くもある結果が出た。実験自体に対する異論はあるにせよ、人は実際に、社会的な影響に流されるものなのだ。悲しいニュースばかりを見ている人は悲しくなるし、逆に明るいニュースのシャワーを浴びていると明るい感情を表現するようになる。

科学界は、結果を公表するときからある種の動揺を隠せなかった。おそらくフェイスブックは、この研究のことを世間で話題にしてほしがっていたのだろうが、一方で『PNAS』誌はこれほどのネタをそう簡単に放出したくはなかったはずだ。ともあれ、調査結果は公表された。

そして、数週間のうちに『PNAS』誌は後手後手だが序文を追記し、ユーザーを（気づいたにしろ、気づかなかったにしろ）このような種類の科学実験に巻き込んだことに関し、倫理上の問題があるかもしれないという懸念を表明した。

226

私たちはマウスなのか。**私たちのデータをこのようなことに使っていいとフェイスブックに言った覚えはない。それが科学の進歩のためなら許されるのか？**

こうした問いに答えるのは簡単ではないし、本書の目的でもない。ただ、そんな大げさな、と思っているあなた、ではもう1つの実験を紹介する。新しくはない事例なのだが、当時すでに私たちがファジネス（「流されやすさ」と言っていいだろう）の時代に入っていたことをよく物語っている。

2010年のアメリカ中間選挙のとき、フェイスブックのデータサイエンティストたちは、密かにアメリカ人有権者6000万人以上を被験者とする実験を行った。実験方法はrandomized controlled trial、すなわちランダム化比較試験といい、これまでもたびたび出てきたように無作為につくった複数のグループに対して同じ実験を試みる手法が採られた。

これが実験であることは明らかだ。なぜなら、仮説の検証を目的として対象者がグループ分けされているからである。実験する側は、モルモットに施した処置の効果を見極めるように、各グループをチェックする。被験者がどのグループに入るかは、被験者のいかなる特徴にも関係なく、ランダムに決められる。完全に無作為に選ばれることが、統計的に堅固な結果を得るための必要条件だからだ。

そして、この実験では3つのグループがつくられた。1つはサンプルの最も充実したグループ（約6000万人）で、ここに含まれる人々は、いわゆるソーシャルメッセージの影響下に置かれた。どういうことか。選挙当日、フェイスブックのページにその日が投票日であることを知らせるメッセージが表示された。そこには複数の情報が記載されている。すでに投票した人数、自分が行くべき投票所を調べられるサイトのリンク、各ユーザーが有権者の義務を果たしたことを表明するための「投票しました」のボタン。これらに加えもう1つ、特に意味深長な仕掛けがあった。それは、投票を済ませた友だち（各ユーザーの社会的ネットワークに含まれる人たち）の小さな写真が掲載されていたことである。

一方、2番目のグループは60万人で、この人たちはいわゆるインフォメーションメッセージの影響下に置かれた。文面は同様だが、投票済みの友達の写真はないメッセージだったということだ。

そして3番目も60万人だが、これは仮説の効果検証のために何も処置を講じない観察対象のグループで、なんならプラシーボと呼んでいい。

結果は、科学的に十分に強固なものだ。ソーシャルメッセージは有権者の行動にインパクトを与え、このグループを最も高い投票率へと導いた（一方で、単に投票日であるというインフォメーションだけを見たグループと観察対象のグループでは、差異が見られなかった）。

投票率を高めるために有権者の行動を誘導しようとした実験は過去にもあるが、棄権者の削減という成果はほとんど得られていなかった。だが、この件は過去の例とはまったく違う。それは、フェイスブックによって、これほど多数の潜在的選挙人、すなわち有権者のコミュニティへのアクセスが、はじめて可能になったためである。

6000万人が対象となれば、そのうちのほんの一部という程度の人が影響を受けるだけで、選挙結果を変え得る効果がある。2000年のアメリカ大統領選挙を思い出してみるといい。あのときジョージ・ブッシュがアル・ゴアを破り大統領になったが、勝敗を決したフロリダ州の選挙結果はわずか537票差、州の有権者数の0・01％の差異にすぎなかった。そして、この大統領選によって世界が変わったのである。

これから世の中はどうなっていくのか？

『ザ・サークル』のようなディストピア的なシナリオ（訳注：デイヴ・エイガーズ著の、あらゆる場所に設置された小型監視カメラを使って個人の私生活を生中継するＩＴ企業を舞台とする、スリラー小説。２０１３年。２０１７年にはアメリカで映画化。日本では早川書房から）もあるだろうし、もう少し希望に向かうようなシナリオもあるだろう。だが、必ずしも悲観的な見方ばかりする必要もない。ちょうど活字印刷機の導入と同じ。あれが、表現の自由という概念を生むきっかけになったわけだし、おかげでデイヴ・エガーズもその恐ろしい発想を表現することもできた。

最後に、ネットワーク・サイエンスの各分野での活用方法についてご紹介しておこう。

経済

Google やフェイスブック、さらにはシスコや Apple など、21世紀の主要企業のテクノロジーとビジネスモデルはネットワーク分析をベースにしている。これにより Google は、単なる検索エンジンではなく、World Wide Web 構造とリンクのダイナミックな全集というべき総体になった。

フェイスブックは、現状で16億人以上（訳注：2017年末現在は20億人）のユーザー数を抱え、すでに世界で人口の最も多い一国を形成しているに等しい。そこで、この規模を生かし、ユーザーの相関関係を示すソーシャルグラフを使って世界中の社会的ネットワークをマッピングするという大望を抱いている。ネットワーク分析は、金融分野の研究にも有効だ。この場合は、貸し手と借り手（銀行と借入人）をノードと見なして分析する。国家間の商取引関係を把握するためにも応用できる。

医療

疫学の分野では、今後ますますネットワーク分析の利用が進んでいくだろう。特に、病気の進行に関する研究やウイルス感染拡大のメカニズムの理解を目指した研究では、強力なツールとなる（すでに2009年にH1N1型インフルエンザが流行したときに、ビッグデータとネットワーク分析が活用された例がある）。

また、細胞の研究でも、ネットワークの構造がわかるとタンパク質と代謝物の相互作用の理解に役立つ。解明されれば、薬剤の開発、あるいは腫瘍細胞の増殖を止めるような治療法の研究の基礎となる。

神経科学

実は脳というのは、神経学者にとっていまだブラックボックスである。だが同時にもっとも期待されている研究分野でもあり、現に世界中で巨額の研究資金が投資されている。そして今、科学界では、ニューロンの接続マップを再現するという壮大な計画が進められている。なにせ億ではすまない桁数の相互接続情況を解明しようというのだから、とんでもない挑戦だ。

このプロジェクトはConnectome（コネクトーム）といい、哺乳類の脳内ネットワーク構造を再現できるテクノロジーの開発と、人間の神経系を完全に理解して生化学の新たな境地を開くことを目指している。

マネジメント

これについては先ほども述べた。企業の組織にまつわる課題解決のために、組織の中の役職者と従業員の関係をマッピングするという方法で、ネットワークサイエンスが活用されるようになってきている。

最終章

未来はあなたを待っている

Future

Future

今日、世界が滅亡すると思うなかれ。オーストラリアはもう明日になっている

さて、私たちの旅もそろそろ終わりだ。しかし、実際問題、こと経済とイノベーションに限っては、結論を導き出すのは容易ではない。それに、ざっくばらんに言って、未来について語る本に結末があってはならない。

ということで、始める。疑問から始める。

私たちが挑まざるを得ない壮大な挑戦にまつわる疑問。

望むと望まざるとにかかわらず、テクノロジーの進歩が答えに無縁ではない疑問。

本書の冒頭で、将来の雇用に関するオックスフォード大学の研究について述べた。それは、そう遠くない将来に自動化の進展が仕事に与える影響について、少々黙示録的とも言うべき予測だった。だから、その研究を見て抱いたであろう疑問に戻り、その議論から始めよう。

花火師のように、破壊力を持つ爆薬を美しく輝かせるために。そして、希望があるとい

う根拠をしっかり伝えるために。

これから世の中はどうなっていくのだろう?

誰にわかる、そんなこと。でも、何が起こるかと、びくびくしながら様子をうかがっているよりも、一度くらいは月を指さし、月ではなくてさしている指をじっと見つめてみるのも、いいだろう。それから、その指が伸びている手を見つめる。さらには体。大地を踏みしめ、ひたと月を指さす自分を見つめる。

エクスポネンシャルな力の時代に、未来に向かって真っ直ぐ突き進んでも仕方がない。これから何が起こるか予想したところで、予想が当たらないことだけは確かなのだから。むしろ大切なのは、デジタライゼーションとデータフィケーションに挑むことだ。受動的に体験するのではなく、自らが主人公になろうとし、あらゆるチャンスをつかみ取っていく。そのために問題をより掘り下げて考えてみたい人には、イノベーションをテーマとした本があるのでそちらに譲る。

(『ビッグバン・イノベーション 一夜にして爆発的成長から衰退に転じる超破壊的変化から生き延びよ』ラリー・

ダウンズ、ポール・F・ヌーネス著、江口泰子訳、ダイヤモンド社、2016年／『シンギュラリティ大学が教える飛躍する方法』サリム・イスマイル、マイケル・マローン、ユーリ・ファン・ギースト著、小林啓倫訳、日経BP社、2015年）

では、今の世界が抱える大問題に関し、Googleの共同創業者の1人ラリー・ペイジが2008年9月にシリコンバレーで語った言葉から見ていこう。

「私はいま、非常にシンプルな指標を使っています。それは『いま取り組んでいる仕事は、世界を変えるだろうか？』というものです。この問いに対して、99・9999パーセントの人は『ノー』と答えます。

どうすれば世界を変えられるのか、皆に伝えていく必要があるのではないでしょうか。テクノロジーがその手段であることは間違いないでしょう。それは歴史が証明しています。あらゆる変化を後押ししてきたのは、テクノロジーなのです」

このスピーチとそこから生まれるインスピレーションとともに誕生したのが、今、シリコンバレーで最もホットな場の1つのシンギュラリティ大学である。これは、Googleも出資している教育機関で、その教育プログラムは伝統的な大学のそれとは根本的に異なる。

エクスポネンシャルな世界では、直線的な一定のペースでの進歩はあらゆる意味を失うが、このシンギュラリティ大学自体がエクスポネンシャルのトレンドに乗り、カリキュラムも常に更新し続けているため、今のところいわゆる大学として認定はされていない。

とはいえ、シンギュラリティ大学は、**テクノロジーの進展による雇用喪失という恐怖感に対するもっとも個性的かつ創造的な答えの1つだ。変化から身を守るのではなく、変化を扱い、変化を生きようとする初の試みである。**

そのことを実感していただくために、ここで、シンギュラリティ大学で教えるデヴィッド・オーバン氏へのインタビューの一部をご紹介しよう。

――破壊的イノベーション時代における飛躍型企業とは、どのような企業か?

飛躍型企業とは、エクスポネンシャルな変化の力を認識し、分析し、利用し、その力の波に受動的に流されていくのではなく、波に乗れる企業のことだ。

エクスポネンシャル（指数関数的・飛躍的）な変化という現象自体は新しいことではない。

ただ、以前から始まっていた変化と近年の急速な変化が重なり、今はより実感できるようになった。そして、企業の寿命に影響が出始めているため、企業もそれを無視できなくなっている。

――飛躍型企業の着目すべき特徴と、従来型の企業との主な違いを教えてほしい。

飛躍型企業は、従来型企業に比べ事業の効率性が勝っている。会社のミッションとして何らかの変化を目指す野心的な変革目標（ＭＴＰ：Massive Transformative Purpose）を持ち、組織運営には外部資産の活用やオペレーションのＩＴ化のためのテクノロジーを用いている。また、応援してくれるコミュニティとアルゴリズムを利用して非常にスピーディに仮説を検証し、目標に向かって進んでいく。

――一般的な企業の伝統的な環境の中で、新規事業が立ち向かわなくてはならないこととは何か？

今やインターネットを使って、誰でも幅広く多様な協力体制を組織できる。工業デザインやプロトタイピング、組み立て、新たな手法で消費者のフィードバックを得て評価しつつスピーディに製造し、何度もつくり直すなど、これらのすべてで実践を阻む障壁が低くなった。そのため、従来莫大な投資が必要だったハードウエアの製造が、ベンチャーにも可能である。

また、豊富なデータとアプリケーションが利用できる状態にあり、周辺機器も入手しやすくなっている。これらを何らかのアイデアをもとにソフトウエアと組み合わせ、アクセスしやすい国際的なチェーンを販売チャネルとしてうまく利用することができれば、新しいビジネスモデルが開けていく。

事業の多くのプロセスでオープン化が進み、ベストプラクティスは単にGoogle検索をすれば見つかる。アイデアに競争力となる特徴があり、その価値を認めるエキスパート集団の協力体制によって一気に発展していくためには、アイデアを実践して大小さまざまな失敗から継続的に学習できる環境が必要である。

――自動化とテクノロジー・イノベーションが雇用創出に結びつくようにするには、どうすればいいと考えるか？

ホワイトカラーの仕事であれブルーカラーの仕事であれ、現在我々が仕事と呼んでいるものが自動化された世界へと変化していく。その変遷が段階的に起こるようにする完璧なソリューションなど誰も知らない。社会契約全般について改めて議論し、現在の仕組みに代わるものを見つける必要があるだろうが、それにはとても時間がかかる。民主的システムの中でこのような構造的な変化を受け入れるには、負荷と推進力のせめぎ合いがあるものだ。

新たな時代に移行する時期には、さまざまな問題が起こるだろう。そしてそのときが近づきつつある。テクノロジーの進化のスピードは、今や多くの人にとって学習と適応のスピードを上回っている。そのために、自分の仕事で会社に価値を提供することも、仕事を続けること自体もあきらめてしまう、あるいは自分に対する評価の低下を受け入れ、給与の減少に甘んじるなど、自ら敗北を認める態度はすでに見られる。その結果、社会的緊張が高じるのを無視することはできない。

バイオテクノロジー、航空宇宙産業、ＡＩ、ロボット工学といった分野で、新たに学び、教え、分析し、伝えていこうとする人であれば、新たなチャンスは無限にある。こうした人たちが、それまで従事してきた仕事の領域から離れるリスクをとれるように、また新しい職務に就くことで必然的にミスをしながらも新しい価値を提供できるようにすることが大切だ。

Future

私たちの未来を創るのは私たち自身である

今の時代、私たちは将来についてのディストピア的、または悲観的なビジョンに、あまりにもたやすく流されてしまう。

未知の手法で社会全体が管理された未来。大規模な貧困化が進んだ未来。

終末論を語るような論文も多々ある。

しかし、とても単純な1つの事実が見えなくなってはいないか。

それは、**私たちの未来を創るのは私たち自身である**ということだ。目まぐるしく猛スピードで変化していく現在を見て、恐怖感や無力感を表現することは間違っていない。そして、過去の出来事を改めて見てみることも悪くない。**それぞれの時代の中でそこそこの飛躍があるたびに**、人は岐路に立たされてきたし、あるいは岐路さえない中、シンプルに、ただその時々に進める道を歩んできたではないか。

終末への恐怖は、人の心に生まれてそこに棲みつく。なぜなら心は、自分が生きている今と自分の生活が織り込まれている世の中に軸足を置いているからだ。

そして未来に目を向けるときでさえ、自分の恐怖感の塀の中に腰を落ち着けたまま、ただ目だけを向けて見ようとする。

時代を画す変化が具現化していくとき、これ以上はない明白な事実が見落とされる。それは、**変化の先にある未来の形など、人はまだ想像すらできない**ということだ。その例を示すために何世紀も時代をさかのぼる必要もない。２００４年以前、フェイスブックが表舞台に姿を現す前のことを思い出せばいい。

ほんの十数年前まで、人間のコミュニケーションの方法は、ＳＮＳと超接続社会による変革とはまったく無縁の状態にあった。この変革が良かったのか悪かったのかは論点ではない。ただ、これが変化であること、変化したという事実は否定のしようがない。

試しに20世紀初頭の新聞をあさってみたら、おもしろい教訓的な記事を見つけた。そこには、電話の登場によって人の関わり方に人間味がなくなる危機感と、通信革命を生きていくことに対する恐怖感が表れていた。

Future

『シンギュラリティ大学が教える飛躍する方法』の6つの「D」でつかむビジネスチャンス

そろそろ話の核心に入る。将来のリスクについて考えることは絶対に必要だし、義務でもある。だが、そこに機を見るセンスを犠牲にしてまで深刻に考えたり、機を見るセンス自体をなくしてしまったりする必要はない。

この問題を考えるに当たり、私たちが直面している厳然たるデータを1つ挙げる。今後6年間にグローバル規模で30億人が新たに経済活動に入る。

その意味するところは2つ。

1つは単に事実として、これまで消費行動を取っていなかった新しい顧客と消費者が増加するということ。そう聞いて寒気を覚えたかもしれないし、深刻なことだと悲しくなったかもしれない。しかし、消費とは収益でもあるので、仕事も増えて、豊かにもなって、という可能性を思い描けばいい。

今、重要なのは、もう1つのほうだ。この超接続・情報化時代に、新たに30億人が知を生み出すプロセスに参加し、変化をつくり出していくことになる。これは、もう本当に、人類の歴史上初めてのことだ。

もしかしたら、というか、きっと私たちはほんの少し謙虚になって、**欧州中心主義あるいはアメリカ中心主義的な未来の展望を捨てたほうがいい**のかもしれない。これまでさまざまな物事を決定してきたのは、良くも悪くも、人間味の希薄な狭い世界だったのだから。

そして、**この30億もの人々が、それぞれに最新のライフスタイルを創造していく意欲と好奇心を持って、グローバルでつながるコミュニティの一部になる。**この事実は、リスクよりも先に、巨大なビジネスチャンスではないか。

もし、イノベーションのペースが近年はエクスポネンシャルな伸び率だったとすれば、市場の拡大によって今後はさらに高い伸び率となるはずだ。数々の変化があるだろうし、変化を生きていく中で多くの**イリジウム現象**もあるだろう。それは避けようもない。

イリジウムはモトローラの子会社で、１９８０年代に新たな携帯電話の世界を築き上げようとしていた。しかし、当時は都市圏外の地域まで広く通信インフラを整備するコストがあまりにも高かったことから、衛星システムを利用した携帯電話に投資することを選んだ。それでどうなったかは周知の事実であり、今は誰もが当たり前に利用している低コストの通信情況が巨額投資失敗の理由を物語っている。

同様のことはコダックにも起きた。写真のデジタル化を受け入れず、2012年に事実上事業を停止した。まさにこの年、フェイスブックは10億ドルでInstagramを買収したのである。

このように破壊は、物事が直線的に進むという予測が通用しない局面を横断し、ここが居心地のいい世界であるはずだという希望も横断していく。だから、今が「悲しき受難」の時代であると思い、未来に目標を据えたいなら、腹をくくることだ。

いくつかの事実を確認しよう。

破壊的イノベーションが起こるとき、そこには際立った特徴がある。これを『シンギュラリティ大学が教える飛躍する方法』では6つのDと呼んでいるので、以下に紹介する。

❶Digitized（デジタル化）：デジタライゼーションとデータフィケーションが過去とは異なる情報の流れをつくり出していて、それが新たな知とテクノロジーのさらなる進化を伴うエクスポネンシャル時代の前提となっている。

❷Deceptive（潜在的）：破壊的イノベーションは、たとえ大成功を収めたケースでも、最初は失敗だったかと感じられるほどの停滞期を経ている。事実、エクスポネンシャルな成長であっても、事業開始当初の成長率が0・01％だった場合、倍になったら0・02％、その倍で0・04％、さらに倍で0・08％。0％程度のレベルであることに変わりはない。しかし、変曲点を超えた途端にすごいことになる。20回倍増すると元の100万倍を超え、30回では10億倍以上になる。

だから、**3番目のDは❸Disruptive（破壊的）**である。

❹Dematerialize（非物質化）：エクスポネンシャルなイノベーションが具現化するときには、サービスの非物質化、すなわちIT化が同時に起きている。ほんの少し例を挙げるだけでも、携帯電話に搭載されているGPSシステムや、電子書籍リーダーに取り込まれ

た本などがある。

❺ Demonetize（非収益化）：Uberは実車を持つタクシー業界を非収益化した。同様に、Airbnbは宿泊・賃貸の分野で、Craigslistは商業広告や募集広告の分野で、従来型の事業の収益を低下させた（新聞などの広告媒体が廃止に追い込まれている）。

最後のDが、たぶん将来に関わるいちばん重要な特徴だ。それが**❻ Democratize（民主化）**である。この現象により、必然的に多くの人々が意思決定の力を持ってさまざまな創造的プロセスに参入する。つまり、物事が決定されるメカニズムが根底から変化する。それがどういうことなのか、私たちにはまだ遠く想像も及ばない。

次のページの図は、もう見てのとおり。縦軸の数字は、各企業が最初に時価総額10億円を達成するまでの年数である。企業名の後ろのカッコ内は創業年。右にいくほど年数が低下していくが、これはテクノロジー・イノベーションの継続的かつ加速度的な進歩のペースと同等だ。

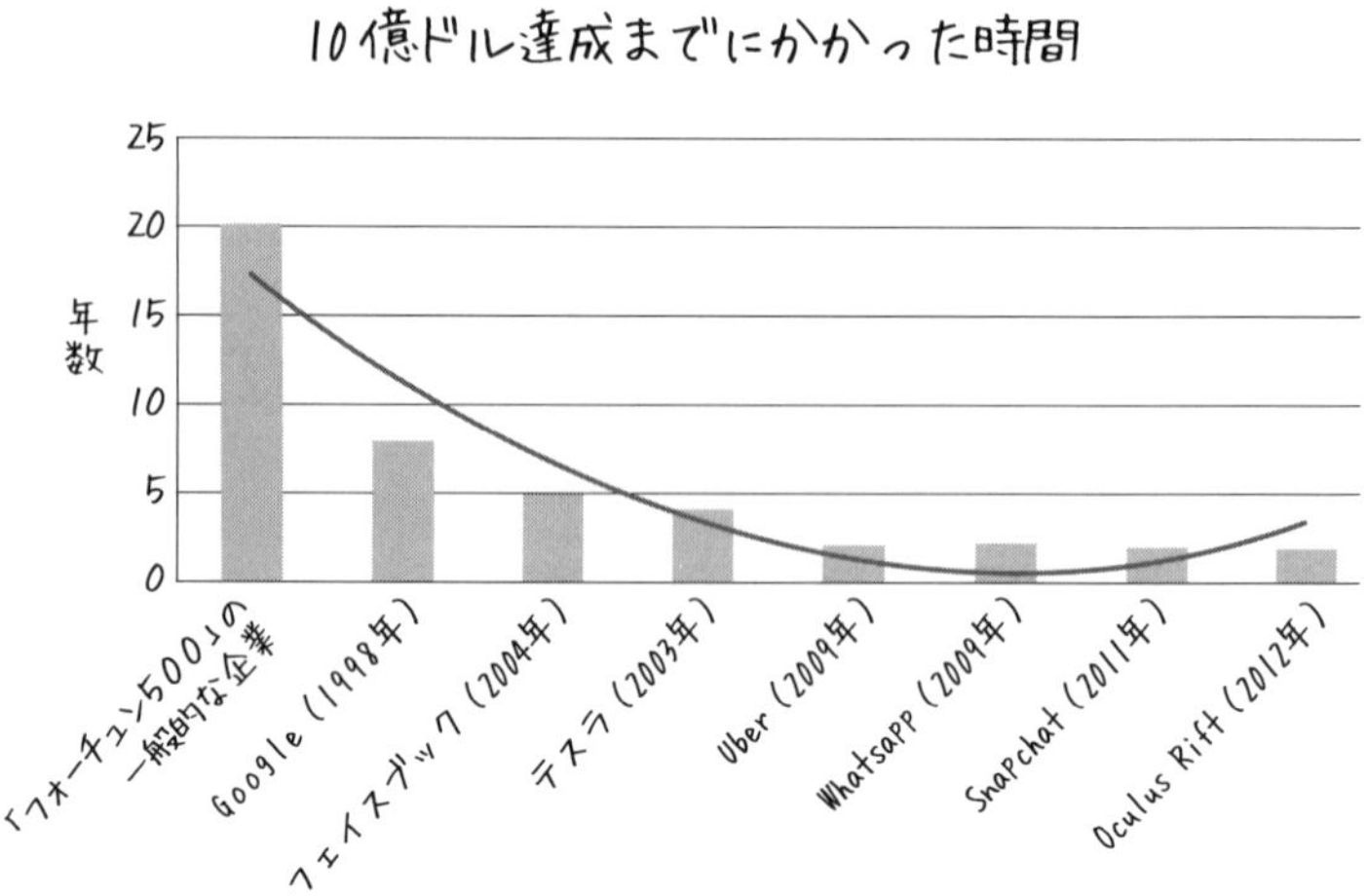

図10.1　企業が時価総額10億ドルに達するまでにかかった時間

変化をとらえて変貌した企業

では、このような変化をまだ経験していない企業、したがって変化を創造する側にはなっていない既存の企業は、どのように生き延びていけばいいのだろう。恐怖感からパニックに陥ったりしないように。参考になる例がいくつもある。

その1つは教育分野の**TED**だ。

知を生み、広めていくことにかけては今やグローバルで主役になった。元はリチャード・ソール・ワーマンが1984年に設立した会社で、カンファレンスを運営し、18分のスピーチ形式が有名になった。毎年カリフォルニア州のモントレーで開催されるカンファレンスは、最先端テクノロジーのファンにとってまさに巡礼地となっていた。

事業が収益化して会社の評価も高まると、TEDはローカルの安定企業として満足した。転機となったのは2001年、クリス・アンダーソン（『Business 2.0』誌創設者）による買収である。そして、鮮やかな変革がなされた。講演の品質基準とスピーチ形式を守っていれば、どこでもカンファレンスを開催できるようにフランチャイズ形式を採り入れ、このスピーチ形式のカンファレンスをグローバル規模のイベントに進化させたのだ。

現在3万6000の講演がインターネット上に公開されていて、視聴回数は20億回を超えている。各分野のカリスマやマニアの信奉を集めていたとはいえ、年1度のシンプルなカンファレンスだったTEDが、グローバル規模で知を生み出し広めていくインフルエンサーへと変貌を遂げたのだった。

もう1つの例として紹介するのは、流通市場をむさぼり食うパワーと成長で多くの人を驚愕させている巨人、**アマゾン**である。

経営者のジェフ・ベゾスは多くの破壊的イノベーションを実現したが、その中に1つ、すべての基礎をなすひらめきがあった。それは**「ノー」の鎖を断ち切る**ことだった。その実現には、第2章で見たナッジの法則が部分的に採り入れられている。

実際に、巨大な組織では、劇的な変化につながりそうなアイデアや提案が製造部門などから出されても、管理職1人がそれを簡単にブロックできてしまう。また、プロジェクトの承認を得ていく過程が極端に面倒で、マネジメント組織の中を角が立たないように進んでいくうちに、どうしてもプロジェクトの創造性が削がれていく。

そこで、「**制度的イエス**」が登場する。ジェフ・ベゾスは、**シンプルにデフォルト設定を変更した**のだ。これにより、イノベーティブなアイデアが出てきたとき、自動的に選択される答えはイエスになった。

部署の管理職または責任者はアイデアを却下することができるが、その場合は理由を述べた2ページのレポートが必要である。世の中の環境が変わり続けていく中、この制度があってこそWeb Space、Amazon Unlimited、ドローンによる配送など、次々と新たなサービスが世に出てきた。そして、これらのサービスは、実践され、試され、ユーザーのために改良されていく。ジェフ・ベゾスは言う。

競争相手ばかり気にしていては、相手が何かを始めるまで待つことになってしまう。顧客に目を向けていれば、より先進的な取り組みができるだろう。

それで、これから何が起こるのか。警鐘となる1つのデータがある。警鐘というより、チャンスについて考えるための刺激といったほうがいいかもしれない。1979年、ゼネラル・モーターズが84万人の従業員で生み出したのと、さほど変わらない売上高を、現在アマゾンは、3万8000人の従業員で生み出している。

ということは、無情な大規模失業が私たちを待っているということか。いや、そうとばかりも言えない。次の表は、ほかでもない、企業の躍進の様子を表している。明日に向かう跳躍の先にあるのは、身をかわすべき穴ではなく、私たちが埋めていくべき余白なのだ。

近い将来について考えるとき、基本的なテーマとすべきは、自覚を持って今の時代をより価値のあるものにすること、そして仕事とライフスタイルの調和なのかもしれない。かの経済学者ケインズは、1930年に書いたエッセイ『Economic Possibilities for our Grandchildren（わが孫たちの経済的可能性）』の中で、100年以内に給与が少なくとも8倍に増加し、一日の労働時間がわずか3時間になる未来を想像していた。

テクノロジーが拡大するなら、どうしてそれに比例して人が豊かにならないことがあろうか。需要と労働生産性と雇用の微妙なバランスが、ここ数年の間に大きな課題となることは間違いない。課題にふさわしいチャレンジ精神をもって挑んでいかなくては。すべてはこれからだ。

人は誰しも自分なりにいろいろな神様を持っているはずだし、私からは希望の味のすることを1つ思い出してもらって終わりにしたい。ちょっとしたヒントになるディズニーア

企業	企業年齢	時価総額 2011 年	時価総額 2014 年	増加率
ハイアール	30 年	190 億ドル	600 億ドル	3 倍
Valve	18 年	15 億ドル	45 億ドル	3 倍
Google	17 年	1500 億ドル	4000 億ドル	2・5 倍
Uber	7 年	20 億ドル	170 億ドル	8・5 倍
Airbnb	6 年	20 億ドル	100 億ドル	5 倍

表10.1 大企業の時価総額の成長

ニメ映画、『ベイマックス』だ。

この映画が描く未来は希望に満ちている。架空都市サンフランソウキョウは、もはや国籍による人の区別もない幸せな世界だ。すべてを受け入れ、人間と機械が協調するビジョンがそこにある。

やんちゃな少年少女のグループは、期せずして現代のガレージの発明家たちを表現しているようだ。ガレージで夢を膨らませ、ガレージで創造した若いとんがった起業家たち（事実とは無縁の作り話だっていいじゃないか）。

変革は、情熱と努力とチームワークの成果である。そして、機械は人間がつくった物であることを決して忘れないように。たとえ機械の言うことに耳を傾けなくてはいけなくなったとしても、それが敗北とは限らないのだから。

どんな本にもあるようなありふれた言い方だが、未来はあなたを待っている。

そして、映画の終わりにこんなフレーズがある。明日への最高のメッセージだ。「まさかスーパーヒーローになるなんて。ホント、何が起きるかわからないよね」

そして私からあなたに、こう尋ねてもいいかな。「で？」

POP

ポップな経済学

発行日　2018年　8月30日　第1刷

Author　ルチアーノ・カノーヴァ
Translator 高沢亜砂代
Illustrator　ZUCK
Book Designer　杉山健太郎

Publication　株式会社ディスカヴァー・トゥエンティワン
〒102-0093　東京都千代田区平河町2-16-1 平河町森タワー11F
TEL　03-3237-8321（代表）
FAX　03-3237-8323
http://www.d21.co.jp

Publisher　干場弓子
Editor　干場弓子　渡辺基志

Marketing Group
Staff　小田孝文　井筒浩　千葉潤子　飯田智樹　佐藤昌幸　谷口奈緒美　古矢薫　蛯原昇
安永智洋　鍋田匠伴　榊原僚　佐竹祐哉　廣内悠理　梅本翔太　田中姫菜　橋本莉奈
川島理　庄司知世　谷中卓　小木曽礼丈　越野志絵良　佐々木玲奈　高橋雛乃

Productive Group
Staff　藤田浩芳　千葉正幸　原典宏　林秀樹　三谷祐一　大山聡子　大竹朝子
堀部直人　林拓馬　塔下太朗　松石悠　木下智尋

Digital Group
Staff　清水達也　松原史与志　中澤泰宏　西川なつか　伊東佑真
牧野類　倉田華　伊藤光太郎　高良彰子　佐藤淳基

Global & Public Relations Group
Staff　郭迪　田中亜紀　杉田彰子　奥田千晶　李瑋玲　連苑如

Operations & Accounting Group
Staff　山中麻吏　小関勝則　小田木もも　池田望　福永友紀

Assistant Staff
俵敬子　町田加奈子　丸山香織　小林里美　井澤徳子　藤井多穂子　藤井かおり　葛目美枝子　伊藤香
常徳すみ　鈴木洋子　石橋佐知子　伊藤由美　畑野衣見　井上竜之介　斎藤悠人　平井聡一郎

Proofreader　文字工房燦光
DTP/Chart　アーティザンカンパニー株式会社
Printing　大日本印刷株式会社

ISBN978-4-7993-2355-7